CHARLES JOLIET

MILLE

JEUX D'ESPRIT

QUATRIÈME ÉDITION

PARIS

LIBRAIRIE HACHETTE ET Cⁱᵉ

79, BOULEVARD SAINT-GERMAIN, 79

MILLE JEUX D'ESPRIT

4385-93. — Conseil. Imprimerie Éd. Crété.

CHARLES JOLIET

MILLE

JEUX D'ESPRIT

QUATRIÈME ÉDITION

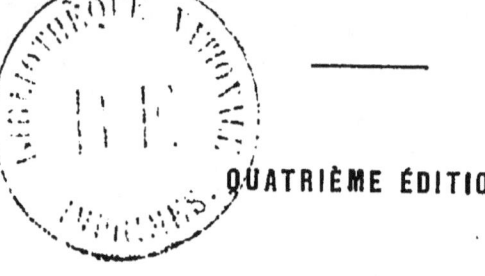

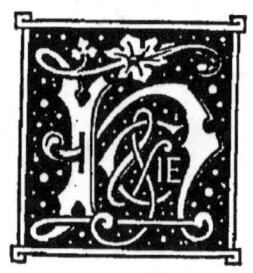

PARIS

LIBRAIRIE HACHETTE ET Cie

79, BOULEVARD SAINT-GERMAIN, 79

1893

Droits de propriété et de traduction réservés

AVERTISSEMENT

Pour satisfaire au désir depuis longtemps exprimé par les lecteurs du *Journal de la Jeunesse*, l'auteur a réuni et condensé, sous le titre de Mille Jeux d'esprit, un choix des Études publiées dans le *Supplément hebdomadaire* du Journal.

L'Ouvrage comprend Trente-six Chapitres et se divise en deux parties :

La *Première partie* offre les Problèmes et Questions à chercher et à résoudre.

La *Seconde partie* donne les Solutions et les Réponses.

Chacun des Chapitres est précédé des méthodes, règles, principes et exemples qui expliquent et facilitent la Solution des Sujets proposés.

En présentant aujourd'hui cet ouvrage au public, il nous est permis d'en exposer l'origine et le but.

Le *Journal de la Jeunesse* a été fondé le 7 décembre 1872, et son premier *Supplément* a paru le 19 juin 1875.

Ce *Supplément* est consacré à des *Problèmes et Questions*, dont le volume qu'on a sous les yeux contient un résumé complet, destinés à exercer les facultés ingénieuses de l'esprit, et les Noms des Correspondants qui envoient les *Solutions et Réponses* sont publiés.

Chaque mois, des *Concours* sur les sujets les plus variés sont ouverts à tous les lecteurs. Outre les *Compositions écrites*, Narrations, Études, Lettres, Scènes dialoguées, les *Concours mensuels* s'étendent aux Ouvrages de Couture, *Filet, Crochet, Tricot, Broderie, Dentelle, Tapisserie*, ainsi qu'aux travaux les plus divers, *Dessin, Musique, Cartes de Géographie, Plans, Histoire naturelle, Objets en carton et en bois, Fleurs artificielles*, etc. etc. Tels sont les tournois pacifiques de ces *Concours*, dont le plus important est le *Concours de Pâques*.

De magnifiques Ouvrages illustrés, offerts par la Librairie Hachette et Cie, sont décernés aux Concurrents qui obtiennent les premières places, et qui sont classés par séries : Prix, Accessits, Mentions d'honneur et Mentions. Enfin, les *Diplômes des Concours* sont expédiés à la fin de l'année.

Bien que ces *Jeux d'esprit* n'aient d'autre prétention que d'être des récréations amusantes, l'attrait qui s'attache à tous les problèmes a pour effet d'exiger des recherches instructives, de faire ouvrir des livres. Amuser la jeunesse avec la Littérature, l'Art et la Science, c'est glisser l'Alphabet dans une boîte de joujoux. Nous avons pu constater ce résultat par les témoignages des familles des jeunes lecteurs du *Journal de la Jeunesse*.

Les *Problèmes et Questions* du *Supplément hebdomadaire*, alimentés par les *Communications* de ses Correspondants, sont publiés sous le Nom, les Initiales ou le Pseudonyme de leurs auteurs. C'est grâce à ces *Communications*, toujours accueillies avec faveur, que le *Supplément* présente une variété et une abondance de sujets dont la source, sans cesse renouvelée, semble inépuisable.

Nous nous faisons ici un devoir et un plaisir de les remercier en leur offrant la *Dédicace* de ce travail, car la meilleure part est leur ouvrage.

Paris, 1882.

CHARLES JOLIET.

MILLE JEUX D'ESPRIT

PROBLÈMES ET QUESTIONS

I

CRYPTOGRAPHIE

LES ÉCRITURES SECRÈTES

Curiosités Cryptographiques. — Les Grilles. — Le Cadran. — Le Jeu de cartes. — L'Échiquier. — Deux Clefs. — La Clef rapide. — Méthode de déchiffrement. — Problèmes.

La *Cryptographie* est la science des *Écritures secrètes et mystérieuses.* Elle mérite d'être considérée aujourd'hui comme une connaissance nécessaire et d'un usage général, aussi bien pour la correspondance privée que pour les dépêches télégraphiques, et son utilité pratique est suffisamment démontrée par les ressources qu'elle offre aux relations humaines.

Combien de personnes s'imaginent qu'en composant un alphabet, dont chaque lettre est représentée par un signe, on peut chiffrer une correspondance à l'abri de la curiosité. C'est là une illusion qu'il faut perdre, et il importe qu'on sache bien qu'avec un méthode aussi primitive, cette correspondance est aussi transparente que l'écriture ordinaire et peut être déchiffrée au premier coup d'œil.

Il y a des secrets qu'on ne livre pas au papier et qui peuvent être échangés au moyen d'une *Clef indéchiffrable*. Par elle, si la lettre est interceptée, la pensée reste inviolable. Il serait impossible d'énumérer toutes les applications qui ont été faites de la cryptographie. J'ai vu bien souvent, sur les marges de livres anciens ou modernes, des notes mystérieuses. Ces signes, dont la clef est à jamais perdue, avaient fixé un secret, une pensée, un souvenir.

La Bruyère n'a pas livré la clef de ses *Caractères,* mais on connaît bon nombre des originaux qui ont fourni des traits aux masques de cette galerie.

Voici comment j'ai été conduit par le hasard à m'occuper de la Cryptographie :

Avant même de soupçonner les règles de déchiffrement des Écritures secrètes, je me trouvais dans une imprimerie et je suivais avec curiosité le travail d'un compositeur. J'admirais la dextérité, la précision, la rapidité avec laquelle il accomplissait machinalement ce travail compliqué. Tout en écoutant mes questions et en y répondant, sa main voltigeait dans cette boîte à compartiments, qu'en terme d'imprimerie on appelle la *casse*, alignant dans le *composteur*, qu'il tenait de la main gauche, les lettres de caractère uniforme, la ponctuation, les tirets, les capitales, les italiques, etc., etc. On est presque effrayé quand on songe aux combinaisons qui s'opèrent dans le cerveau de l'homme pour s'exprimer en plusieurs langues, pour lire, jouer aux échecs sans voir l'échiquier, etc.. etc. Le travail d'un compositeur d'imprimerie ressemble, au point de vue purement mécanique, à celui d'un pianiste : s'il se trompe, il fait une note fausse.

En causant, je remarquai que les compartiments de la boîte étaient de capacité différente, et je fis cette réflexion, que les grandes cases devaient renfermer les lettres qui se reproduisent le plus fréquemment dans les mots, et les petites cases les lettres peu employées. Je pris un caractère dans la plus grande : c'était la lettre E. Les cinq voyelles correspondaient aux compartiments les plus larges; ensuite venaient les consonnes qui forment plus généralement le commencement des mots. Presque sans m'en douter, j'avais trouvé le pivot de la *cryptographie*, car les voyelles étant déterminées, le reste n'est plus qu'un jeu. Depuis, j'ai appris que les fonderies de caractères opéraient sur des bases proportionnelles calculées avec une rigueur presque mathématique.

Du jour où il y eut un secret à garder, la science de la cryptographie fut créée. Une entaille à l'écorce d'un arbre au pied duquel est enterré de l'or, une note en marge d'un livre, un mot souligné, une indication capricieuse, sont autant de signes mystérieux dont l'inventeur pouvait à son gré garder ou donner la clef.

Chez les anciens, quand on voulait faire parvenir une communication secrète, on rasait la tête d'un esclave, on écrivait sur son crâne, on laissait aux cheveux le temps de repousser, et on l'expédiait à destination. Ce système de correspondance semble moins rapide que la télégraphie.

Peu à peu la cryptographie fut l'objet d'études spéciales et se perfectionna, surtout dans les petites cours d'Italie, où l'intrigue était le nerf de la politique. Elle devint bien-

tôt une arme entre les mains de la diplomatie, et son prin-
cipe eut des applications sans nombre pour toutes les
communications qui exigeaient le secret.

Telles sont les origines et les premiers pas de la cryptographie. Outre ses applications et tout ce qui se rattache
aux écritures mystérieuses, elle mérite d'être étudiée en
dehors de son cercle.

La Sténographie, les Hiéroglyphes, la Mnémotechnie, les
Pseudonymes, les Monogrammes, les Devises, les Anagrammes, les Emblèmes sont de ce domaine, ainsi que le
Langage par les doigts des sourds-muets. Les prison-
niers fourniraient des volumes ; les conspirateurs deman-
deraient une bibliothèque. C'est le point d'observation où
nous nous placerons pour examiner à vol d'oiseau les différents systèmes de Cryptographie.

Curiosités Cryptographiques

Il y a une lettre fort connue qui présente un sens régulier en la lisant tout entière, et le sens contraire en ne
lisant que les lignes de nombre impair.

Parmi d'autres curiosités cryptographiques, il faut
encore citer une fantaisie d'un célèbre romancier moderne,
qui a dû coûter bien des veilles aux cryptographes euro-
péens. Voici ce qui m'a été raconté à ce sujet :

Cette lettre a été imprimée dans la forme ordinaire et,
les épreuves corrigées, on la fit tomber en pâte. *Tomber en
pâte* se dit d'un paquet de composition dont les caractères,
non maintenus ou mal attachés, tombent et se mélangent.
Donc, tous les caractères de la lettre furent mêlés, et elle
fut recomposée dans l'ordre où le hasard les présenta sous
la main du compositeur. Tous les éléments premiers et

constitutifs s'y retrouvent, mais des milliards de combinaisons ne suffiraient pas pour la rétablir dans sa disposition primitive.

Les Grilles

Les Grilles ont été longtemps d'un usage général dans les relations diplomatiques, et elles sont encore employées pour la correspondance privée.

Elles consistent en une feuille de papier ou de parchemin à jour, régulièrement découpée, comme ces dentelles que les confiseurs mettent sur leurs bonbons.

Le correspondant qui reçoit une communication juxtapose la Grille sur la page écrite, et elle ne laisse à découvert, au milieu des quadrilles du papier, que les lettres formant le sens de la dépêche. On écrit par le même procédé dans les espaces à jour, et on remplit ensuite les lacunes des lignes.

On ne saurait considérer la Grille comme une *Clef indéchiffrable;* il suffit, en effet, de s'en emparer ou d'en avoir une copie pour être maître du secret d'une correspondance.

Toutefois, les communications écrites par ce procédé peuvent rester indéchiffrables et défier la curiosité, même de celui qui posséderait la Grille; mais son emploi devient alors d'une complication difficile.

GRILLE A ARABESQUES

Ce modèle est une Grille de fantaisie, dont les découpures peuvent être faites à intervalles inégaux, selon le caprice des correspondants qui l'adoptent.

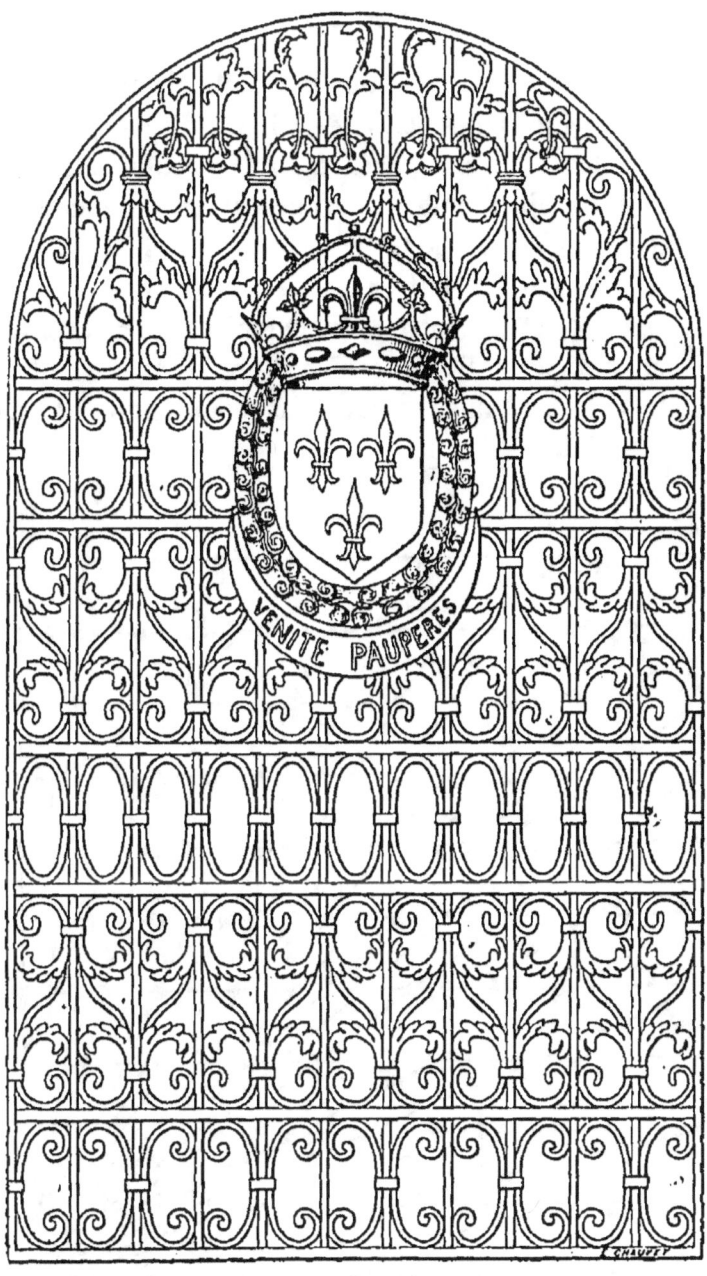

Porte en fer d'un édifice

GRILLE EN ÉVENTAIL

Cette Grille est celle de Don Juan Manuel, ambassadeur de Charles-Quint au Conclave de 1522.

Les cercles ombrés, tracés à l'intersection des lignes horizontales et diagonales, figurent les jours qui mettaient à découvert les lettres de la correspondance, les intervalles étant remplis par des lettres nulles.

Le point C est le centre vers lequel convergent toutes les lignes. Ainsi, on lit d'abord de B en C, ensuite de B′ en C, de B″ en C, et ainsi de suite jusqu'à la ligne horizontale de D en C.

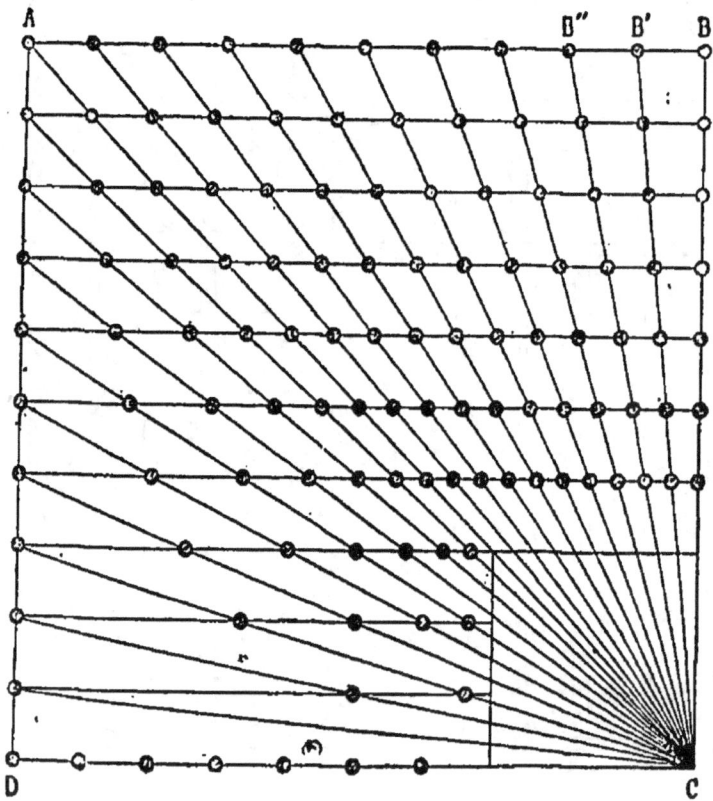

Grille de l'ambassadeur de Charles-Quint.

GRILLE EN DAMIER

La *Grille en Damier* est d'une combinaison mathématique très ingénieuse.

On peut composer des modèles de Damiers d'un grand nombre de cases.

Nous avons choisi le *Damier de Cent cases*, qui est le plus simple, et par conséquent d'un usage plus commode.

En découpant les cercles ombrés, et en juxtaposant successivement quatre fois la Grille sur le Tableau de lettres qui l'accompagne, dans la ligne des chiffres romains de I à II, de II à III, de III à IV et de IV à I, on rétablit la succession des caractères.

Grille diplomatique.

On remarquera que les 100 lettres qui remplissent le Tableau sont mises à découvert 25 par 25, c'est-à-dire qu'après la quatrième juxtaposition, on lira la phrase suivante :

Le premier Supplément du Journal de la Jeunesse a été publié dans le Numéro du Dix-neuf Juin Mil huit cent soixante-quinze.

Les trois modèles de *Grilles* qu'on a sous les yeux peuvent être considérés comme des types.

En remplaçant les lettres par des signes, et en chiffrant chacune des cinq voyelles par deux signes différents, les communications échangées deviennent indéchiffrables.

D	L	A	N	N	E	S	M	P	A
L	I	R	D	L	E	E	M	L	H
I	L	U	E	E	A	I	N	T	J
C	U	R	S	E	M	N	T	U	P
E	U	É	S	N	P	R	E	O	S
O	L	I	É	D	X	S	M	A	N
U	D	E	A	E	É	I	X	N	T
T	É	T	P	E	D	N	U	Q	E
B	U	U	U	F	L	I	J	I	N
Z	U	É	J	I	O	E	U	N	R

Tableau de lettres

Le Cadran

La *Clef à cadran* composé est indéchiffrable. Cinq alphabets circulaires chiffrés sont disposés concentriquement sur un cadran, comme les heures sur une horloge. Une aiguille mobile marque à la fois la lettre de l'alphabet ordinaire et les cinq caractères correspondants, de telle sorte que cette lettre, étant représentée par cinq signes différents, le déchiffrement ne repose plus sur un calcul proportionnel. En outre, les mots ne sont pas séparés, et des signes nuls, semés dans la dépêche, la rendent absolument indéchiffrable.

Le Jeu de Cartes

La correspondance avec un Jeu de cartes peut être classée au nombre des *Clefs indéchiffrables*. On transcrit d'abord la lettre ou la dépêche. Ce point rempli, on arrange le jeu de cartes dans un ordre convenu, qui est purement arbitraire, et on écrit, lettre par lettre, sur les cartes.

Je suppose qu'on se serve d'un jeu de trente-deux cartes, et que l'*ordre alphabétique des couleurs et des valeurs* des cartes soit adopté.

Les *Couleurs* marcheront dans l'ordre suivant :

Carreau, Cœur, Pique, Trèfle.

Les *Valeurs* se suivront ainsi pour chaque couleur :

As, Dame, Dix, Huit, Neuf, Roi, Sept, Valet.

Voici un exemple de trente-deux lettres :

« *Ecrivez-moi, poste restante*, A. B. C. *à Paris.* »

Le jeu disposé dans l'ordre qui vient d'être indiqué, la phrase se construira ainsi :

E	As de carreau		E	As de pique	
C	Dame	—	S	Dame	—
R	Dix	—	T	Dix	—
I	Huit	—	A	Huit	—
V	Neuf	—	N	Neuf	—
E	Roi	—	T	Roi	—
Z	Sept	—	E	Sept	—
M	Valet	—	A	Valet	—
O	As de cœur		B	As de trèfle	
I	Dame	—	C	Dame	—
P	Dix	—	A	Dix	—
O	Huit	—	P	Huit	—
S	Neuf	—	A	Neuf	—
T	Roi	—	R	Roi	—
E	Sept	—	I	Sept	—
R	Valet	—	S	Valet	—

Il va sans dire que si la lettre ou la dépêche est longue, on range les lettres les unes à côté des autres sur les cartes, en observant toujours la même marche. Quand on a terminé, on mêle le jeu et on l'expédie au correspondant, qui le rétablit dans l'ordre convenu et lit la dépêche.

La clef du *Jeu de cartes* est originale. Elle est indéchiffrable. Il est facile de remplacer les lettres par des signes, mais le plus simple est d'écrire lettre à lettre sur les cartes rangées, de battre le jeu et de l'expédier.

L'Échiquier

DANPANREELTAROESSLSSPNVGFUUDOCOA
EMREUELUUALCRRTLXIEEALEESESSNADS

Cette clef connue peut se prêter aux combinaisons le:
plus variées. On écrit par groupes en ligne perpendicu
laire, et on transcrit ensuite en ligne horizontale.

L'exemple que nous avons choisi occupe les 64 cases d'ur
échiquier. Il suffit de diviser les 64 lettres de la phras
chiffrée par groupes de 8 lettres, en les disposant les un:
au-dessous des autres, et le sens se trouve rétabli en lign
perpendiculaire, comme le montre le tableau suivant :

d	a	n	p	a	n	r	e
e	l	t	a	r	o	e	s
s	l	s	s	p	n	v	g
f	u	u	d	o	c	o	a
e	m	r	e	u	e	l	u
u	a	l	e	r	r	t	!
x	i	e	e	a	l	e	e
s	c	s	s	n	a	d	s

Des feux s'allumaient sur les pas de César pour annoncer la révolte des Gaules.

Deux Clefs

Dans un ouvrage intitulé : *Guide officiel de la Correspon-dance télégraphique*, par M. Girardin, inspecteur des Télé-graphes belges, nous trouvons les *Clefs* suivantes appli-quées au chiffrement des Télégrammes :

« Il est facile, dit l'auteur, de concevoir une multitude de méthodes cryptographiques, mais toutes ne sont pas propres à la *Correspondance télégraphique*, et beaucoup se laissent déchiffrer.

» Nous ne nous occuperons donc pas de ce genre de lan-gage secret. Les procédés exposés ci-après, appropriés à la Correspondance télégraphique, offrent plus de sécurité.

1ᵉʳ SYSTÈME

» On divise l'alphabet en cinq groupes de lettres rangées dans un ordre arbitraire, comme par exemple :

1	2	3	4	5
F G K L P	J O V B A	M N Y S T	I R E C Z	H X Q U D
1 2 3 4 5	1 2 3 4 5	1 2 3 4 5	1 2 3 4 5	1 2 3 4 5

» Chaque lettre du texte que l'on veut rendre secret est indiquée par deux chiffres, dont le premier représente le groupe et le second la place qu'occupe la lettre dans ce groupe. La phrase : « *La situation empire, faillite immi-nente,* » s'écrira donc :

14253441355425354122324331154142431 1
25411414413543413131413243323543.

» Le correspondant qui recevra le télégramme commencera par diviser les chiffres par tranches de deux et recherchera ensuite dans son alphabet conventionnel à quelle lettre chaque couple de chiffres correspond.

» Les chiffres non utilisés : 6, 7, 8, 9 et 0, ainsi que leurs combinaisons, peuvent être employés pour exprimer des mots ou des phrases qui se rencontrent souvent, telles que : « *arrivez immédiatement* », « *réponse par télégramme* », « *tout va bien* ». On peut aussi s'en servir comme non-valeurs dans le but de dérouter ceux qui voudraient déchiffrer la dépêche. Ainsi, on pourrait convenir que le chiffre 6 ne signifie rien; le correspondant le bifferait, dans ce cas, avant de procéder à la traduction.

2° SYSTÈME

» On convient d'un mot de clef, *roi*, par exemple. En regard de chacune des trois lettres de ce mot, on écrit toutes les lettres de l'alphabet dans autant d'ordres différents ; au-dessus est placé l'alphabet dans son ordre naturel. On obtient ainsi le tableau suivant :

a b c d e f g h i j k l m n o p q r s t u v x y z

R B C D E F G H I J K L M N O P Q R S T U V X Y Z A

O C D E F G H I J K L M N O P Q R S T U V X Y Z A B

I D E F G H I J K L M N O P Q R S T U V X Y Z A B C

» Prenons encore la phrase : « *La situation empire, fail-lite imminente.* »

» On écrit au-dessous des lettres de cette phrase les lettres du mot *roi*, comme ci-après :

La   situation   empire,
Ro   IROIROIRO   I R OIRO

faillite   imminente.
IROIROIR.   OI ROIROIR

» On cherche ensuite dans le tableau la lettre qui correspond à chaque couple de lettres prise verticalement ; pour la 1ʳᵉ couple (*rl*), on trouve м; pour la 2ᵉ (*oa*), c; pour la 3ᵉ (*is*), v, etc. En un mot, on se sert de ce tableau comme d'une table de multiplication.

» Le texte ainsi obtenu sera le suivant :

MCVJVYBVLPPHNRLSGIBKOMKXFKPNKQFPXF

,» Lorsque le destinataire reçoit cette missive, il écrit au-dessous des lettres dont elle est composée les lettres du mot roi.

m c v j v y b v l etc.
R O I R O I R O I

» Il fait alors l'opération inverse de celle effectuée par son correspondant, c'est-à-dire il cherche dans l'alphabet ordinaire du tableau les lettres qui correspondent aux couples (*rm*), (*oc*), (*iv*), (*rj*), etc. Pour la première, il trouve L, pour la deuxième A, pour la troisième s. Il obtient ainsi toutes les lettres de la phrase primitive.

» Cette manière d'écrire offre d'autant plus de sécurité qu'une même lettre du texte secret représente des lettres différentes du texte clair. »

La Clef rapide

Les différents systèmes qui viennent d'être exposés ont à nos yeux le défaut capital d'être compliqués et d'offrir des chances d'erreur et de confusion.

Tout perfectionnement est une simplification. La nature, comme l'art, nous montre la perfection dans la simplicité. Sous ce rapport, les Grilles, les Jeux de cartes, les Clefs à cadran, sont des clefs défectueuses, par la seule raison qu'elles sont lentes et compliquées.

Un général en campagne veut transmettre un avis ou un ordre. Ici les minutes sont comptées. Il faut non seulement que la dépêche soit inviolable, si elle est interceptée par l'ennemi, mais son effet peut être annulé par un retard, et, dans ce cas, elle doit être rapidement chiffrée.

Voici donc une clef indéchiffrable.

Elle a les trois qualités d'une clef secrète : elle est simple, rapide, inviolable, et il est inutile de la compliquer.

Chaque correspondant a un exemplaire d'un même livre, et on convient du numéro d'une page et d'une ligne.

L'exemple suivant sera plus clair que toutes les explications et servira de modèle.

Par ce système, on peut écrire sur une carte postale, chiffrer la partie confidentielle d'une lettre, enfin correspondre sans craindre la curiosité et l'investigation du plus subtil déchiffreur.

L'an 1585, au coMmencement de décembre, près de cinq mille EspAgnols de l'aRmée catholique, danS lEs guerres de Flandre, se trouvèrent enfermés entre Bomel et BoIs-Le-Duc, par une inondation que LEs troupes hollandaises avaient forMée en rompant les dIgues de LA Meuse. Déjà, depuis ciNq jours, les VivrEs commeNçaIent à leur manquer, le froid redoublait, l'inondation augmentait, et leS mEttait de Plus en plus A l'é-tRoit; l'enneMi, biEn supérieur en noMbre, les tenait investis avec plus de cent bateaux et s'en crOyait DEjà maître; eNfin, ils Etaient perdus sans ressources, si la sainte Vierge ne les eût secourus de la manière toute spéciale que voici : un soldat es-pagnol, creusant la terre pour Faire un retranchement devant une égLise, trOuva un tableau de l'Immaculée-Conception qui semblait tout fRaîchEmeNt peint. A CEtte découveRte, tOus ses coMpagnons accourEnt et en conçoivent un heureux AuguRe; ils s'empRessent de porter solennellement le tableau dans l'é-glIse, et font Vœu dE se consacrer à la Vierge.

   Voici ce passage chiffré :

12	50	60	77	79	132	134
158	159	190	206	213	214	232
242	246	253	256	314	316	324
334	338	347	351	366	415	420
421	431	438	563	594	600	652
657	660	668	669	680	684	692
706	732	736	745	791	800	805

On voit que chaque lettre étant représentée par un nombre, la dépêche échappe au calcul des probabilités. En pointant les lettres dans l'ordre numérique, on traduit ainsi la dépêche :

Marseille, Milan, Venise, Parme, Modène, Florence, Rome, Arrivé.

PROBLÈMES CHIFFRÉS

MÉTHODE DE DÉCHIFFREMENT

§ 1ᵉʳ. — Pour résoudre un problème chiffré, la première chose à faire, après avoir transcrit le problème sur le papier, est de dresser le catalogue des caractères et de noter combien chacun est répété de fois.

§ 2. — Les mots composés d'un très petit nombre de lettres doivent être les premiers dont on s'occupe dans les opérations de déchiffrement. Ils laissent sans trop de peine les voyelles se révéler, et cette découverte conduit à celle des consonnes.

§ 3. — La voyelle E est la lettre la plus fréquemment répétée, et constitue la première Clef du déchiffrement.

§ 4. — Supposons que vous avez découvert le mot LE, et que vous ayez un autre mot de trois lettres dont les deux premières sont L et E, vous jugerez que la troisième est un S.

Si vous trouvez ensuite un mot de trois lettres dont les deux premières sont un E et un S, déjà connus, la troisième est un T.

La lettre S connue dans les mots de deux lettres, vous trouverez facilement SI, SA. La lettre I, commençant un mot de deux lettres, vous donnera IL, etc.

§ 5. — Lorsque ces premières recherches auront révélé six lettres : A, E, I, L, S, T, on découvrira bientôt des mots composés d'un plus grand nombre de lettres, et en déterminant partout les lettres acquises, on marche de découverte en découverte. Enfin, quand on sera parvenu à connaître ainsi plusieurs mots, on trouvera sans trop de peine les autres, en comblant les lacunes.

OBSERVATIONS PARTICULIÈRES

Ces principes élémentaires déjà connus, voici des observations et des remarques particulières qui en forment le
complément.

§ 6. — La voyelle E est, sauf de rares exceptions, la seule
qui se double à la fin des mots (*fusée*). Elle est triplée
dans le participe passé féminin des verbes en *éer*
(*créée*).

§ 7. — La lettre S est la seule qui, terminant un mot,
puisse être précédée de trois lettres semblables et qui
sont toujours trois E.

§ 8. — Précédée de deux E, la dernière lettre d'un mot ne
peut être que l'une des six suivantes, L M N R S Z : *Réel*,
Bethléem, *Européen*, *Aimée*, *Années*, *Travaillez*.

§ 9. — Lorsque la lettre E est l'avant-dernière d'un mot,
ce mot se termine ordinairement par R, S ou Z.

§ 10. — Il n'y a que trois lettres qui, seules, forment un
mot complet : A, O, Y.

§ 11. — La lettre A, dont l'usage est très fréquent, se trouve
souvent à la fin des mots de deux lettres, comme *la*, *ma*,
na, *sa*, *ta*, ou au commencement, comme *au*, *ai*, *ah*.

§ 12. — La lettre O ne se rencontre à la fin d'un mot de
deux lettres que dans trois cas : *do*, note de musique,
ho, interjection, *Io*, nom mythologique.

§ 13. — La lettre Y s'emploie rarement, soit seule, soit dans le corps des mots.

§ 14. — La lettre Q ne s'emploie jamais, excepté à la fin des mots *coq* et *cinq*, sans être suivie de la voyelle U.

§ 15. — La lettre F se double généralement après une voyelle commençant un mot, excepté dans la conjonction *afin*, et quelques mots peu usités.

§ 16. — Les mots formés de trois lettres offrent des difficultés dans le déchiffrement, lorsque la même lettre s'y trouve deux fois, comme dans *été*, *ici*, *non*, *ses*.

Il serait facile de multiplier ces observations particulières; mais elles auraient le défaut d'embrouiller la Méthode générale qui vient d'être exposée.

Les lecteurs qui voudront se familiariser avec le *Déchiffrement des Écritures secrètes* n'auront qu'à transcrire des problèmes et à les résoudre avec les solutions. Ils arriveront par ce moyen à déchiffrer rapidement les problèmes du genre simple.

EXEMPLE

Nº 1

— JBSSB — HCZFHB — WB — TCFRP — XMCRV DFT — WCTTFTB — SC — VDKMPDFTFB — BTP — SC — TDBKM — WB — SC — VYCMFPB —

SOLUTION

Belle maxime de saint François d'Assise : « La courtoisie est la sœur de la charité. »

PROBLÈMES CHIFFRÉS

QUESTIONS

N° 1

7152620086X3550X081460781962Y40S347085
17K04Z04H065050708X34N1S7086Z34W120964
918270847Z

Ce problème est du genre simple. Les mots ne sont pas séparés.

N° 2

CHIFFRE DIPLOMATIQUE

Chaque même signe correspond à une même lettre, et bien que les mots ne soient pas séparés, le déchiffrement ne présente aucune difficulté.

Nº 3

PIÈCES D'ÉCHECS

Ce Problème, chiffré avec des pièces d'Échecs, est du genre simple.

Il se compose de seize mots qui ne sont pas séparés. Les *quatre pions noirs renversés* correspondent à quatre lettres différentes, qui ne se présentent qu'une fois dans la construction du problème.

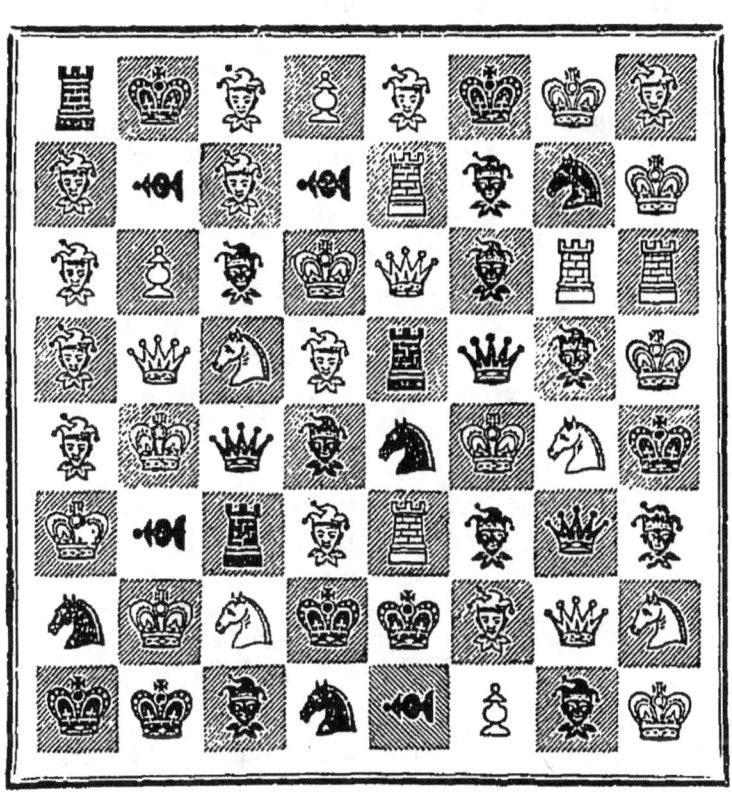

N° 4

NOTES DE MUSIQUE

Ce problème, chiffré en notes de musique, est du genre simple.

Trois signes ont été employés :

La *Blanche*, la *Noire* et la *Croche*.

Leur position sur sept lignes de musique détermine leur valeur alphabétique. La note le plus souvent répétée sur une même ligne révèlera la lettre E.

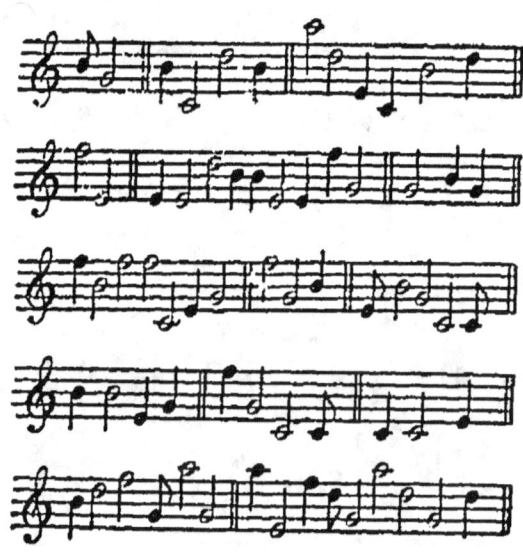

N° 5.

CERCLE

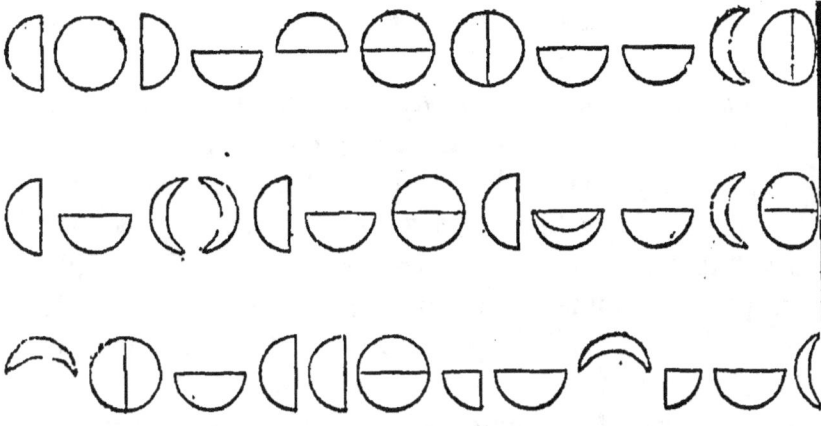

Ce problème est du genre simple. — Les mots ne sont pas séparés.

II

PROBLÈMES POINTÉS

Pour construire un *Problème pointé*, on écrit la première lettre de chaque mot, et on fait suivre cette lettre d'autant de *points* ou d'*étoiles* qu'il y a de lettres dans le mot entier, moins celle qui est connue.

Le déchiffrement des *Problèmes pointés* ne repose pas sur des calculs aussi mathématiques que celui des Problèmes chiffrés; cependant, il est rare qu'un problème pointé échappe à l'investigation sagace et patiente. Les mots ayant le même nombre de lettres, comme p*********, philosophe, perruquier, philologue, prisonnier, etc., qui déjouent les combinaisons, se déterminent et se révèlent par le sens général de la pensée.

Cet exercice force toujours l'esprit à choisir l'expression juste, sous peine de tomber dans les à-peu-près, et parfois même dans l'absurde.

EXEMPLE

L'h**** e** l****, m*** e*** s****; l* V********* e** b*******, m*** e*** v****

SOLUTION

L'heure est lente, mais elle sonne; la Vengeance est boiteuse, mais elle vient.

QUESTION

T*** l* m****, t*** l** s******, t**** l* c******* p*** u** p*****, e* t***** l** p****** d* l'h**** a*** t**** l* r**** p*** u* s********: v**** l* p*****

III

PROBLÈMES ALPHABÉTIQUES

Consonnes — Voyelles — Consonnes et Voyelles

Pour ces trois variétés des *Problèmes alphabétiques*, la séparation des mots s'indique par un *Tiret*. On le supprime pour augmenter la difficulté.

Consonnes

Dans la construction de ces Problèmes, on supprime les voyelles, et la solution consiste à les remplacer.

Quand des mots commencent par des voyelles, elles sont indiquées par des *étoiles* ou des *points*.

Si un mot n'est composé que de voyelles, comme *au*, *eau*, elles sont toujours indiquées par un nombre égal d'*étoiles* ou de *points*.

EXEMPLE

Mm — qnd — l'**s — mrch — *n — snt — q'*1 — * — ds — **ls

SOLUTION

Même quand l'oiseau marche on sent qu'il a des ailes

QUESTION

Hlstmntsdnslv*tjdscndslfrntpnchtplnslgr*trv*t
jsslsd'*vrmrch**bcldtn*nncnctrt*ncrtntd'*vnrjss
spvr*n*sprncjsssrch*nsvnr*nclntdcclmbvrs*ncrs`
vrntprt'mrmjm'*nclnvrsltmb*tjsnsms***xsfr
mrdvntlblnchrdl'**rrdts'*clpsrlsmbrntmndrnrpr
fms'*vprtjn*ms'*pnt

Voyelles

On supprime les consonnes.

EXEMPLE

*'a*ou*-**o**e —e**—*é*a*--*e — **u*—*o*—*e*—
a*ou**

SOLUTION

L'amour-propre est, hélas! le plus sot des amours.

QUESTION

e – yeu* — *ai**é*, — *ou*i**a**e — e* — *a**i*e,
— *e** — *eu* — *e**i* — *ua** – *é*é — *'a*a**ai*,
— *e* — *ieu* – **a**é* — *e**aie** — *eu* — *ou*
e — *i*e, — e*— *e — *e**a* — *'e**a** —*a — *e***
i**ai*. — *ou* — *ou*--au**i — *ua** — *a**e — *a
— *eu*e**e, — *ou* — *ui — *e**o** — *o**e —*ou*
e — à — *'e**i; — *ue* — e** — *e—*i* —*u'y —*e**
e — *a — *ée**e? — *ou* — *'i**o*o**; — i* — e*i**e—
'e*—*a*i*. — Aya** —'ou*i — *a** — *a — **â*e—i**o*
*e**e, — *é*é — *'é*oi**e; — o* — *a —*a**e**e — e
* — *ai*; — *o***e*** — e**o*, — *u* — *a — *ou*e —
é*e**e**e, — *o**e — œi* — e* — **eu** — *ui* — *'
ó**a**o* — *i*i*

Consonnes et voyelles

On supprime la moitié des lettres alternativement

EXEMPLE

A*m*r—*e*t—*u—*o*e*l—*t—*a*r—*e*t—*e—*o
*b*e

SOLUTION

Aimer, c'est du soleil, et haïr, c'est de l ombre.

QUESTION

P*i*q*e*o*s*o*n*i*s*z*e*o*r*d*l*G*r*n*e*u*a*u*e*
u*o*u*i*d*S*n*g*l*ù*e*e*t*m*n*i*u*s*l*o*s*l*i*l*
m*z*n*à*e*r*q*a*d*l*e*s*p*u*o*i*e*c*e*a*

IV

CURIOSITÉS — SURPRISES

Sous ce titre : *Curiosités*, *Surprises*, sont groupés les *Problèmes et Questions* qui ne rentrent pas dans les cadres spéciaux, et qui s'adressent à la sagacité et à l'érudition du chercheur.

La seule énumération des différents genres exigerait des explications d'ailleurs fort inutiles, tous les *Problèmes et Questions* étant posés dans une forme claire et précise qui appelle la solution.

Physique

Étant donné un vase plein d'eau, faire bouillir l'eau en refroidissant le vase à l'air libre, sans le secours de la machine pneumatique ou d'un réfrigérant.

CALÉFACTION

Lorsqu'on verse de l'eau peu à peu sur un corps très chaud, par exemple, dans un creuset de platine porté au rouge blanc, elle n'entre pas en ébullition ; elle semble repousser le contact du corps chaud, car les bords s'arrondissent à peu près comme ceux du mercure sur le verre et sur tous les corps qu'il ne *mouille* pas, et, par conséquent, qu'il ne touche pas. Cette eau cependant s'échauffe un peu, donne quelques vapeurs, s'agite sur elle-même par un mouvement giratoire plus ou moins rapide, et diminue lentement de volume. Alors *si le vase*, retiré du feu, *se refroidit* au-dessous du rouge sombre (brun rouge), à 200 degrés environ, il arrive un moment où l'*eau* est moins arrondie ; elle commence à s'étaler et, bientôt après, elle *est projetée avec bruit et dispersée par une ébullition trop vive.*

La couche de vapeur qui enveloppe l'eau, quand elle
repose sur des corps dont la température surpasse 150
ou 200 degrés, empêche qu'il n'y ait contact entre elle et
le corps; alors la communication de la chaleur est fort
ralentie par cette solution de continuité, et l'eau, ne rece-
vant que peu de chaleur, n'a que peu de vapeur à former
pour perdre par l'évaporation autant de chaleur qu'elle
en reçoit; c'est pourquoi elle reste au-dessous de 100 degrés.

M. Boutigny a appelé cet état particulier de l'eau l'*état
sphéroïdal*.

Telle est la solution du problème. L'espace nous man
que pour parler en détail des expériences intéressantes de
M. Boutigny qui, en vertu de l'état sphéroïdal, mettait de
l'eau dans un panier métallique rougi à blanc, ou faisait
de la glace dans le moufle d'un fourneau à coupelle entre
l'or et l'argent en fusion.

Les Tables magiques

A l'aide des sept *Tables magiques* qui suivent, écrites sur
des cartes, on peut deviner un nombre pensé de 1 à 100.
Pour cela, on fait désigner les différentes cartes où il se
trouve, et on en additionne les premiers chiffres, dont le
total donne le nombre pensé.

Soit 20 le nombre pensé. Il se trouve dans les *Tables* C et
E. On additionne les premiers chiffres qui sont 4 et 16 dont
le total est 20.

TABLE A. (*As de cœur.*)

1. 3. 5. 7. 9. 11. 13. 15. 17. 19. 21. 23. 25.
27. 29. 31. 33. 35. 37. 39. 41. 43. 45. 47. 49. 51.
53. 55. 57. 59. 61. 63. 65. 67. 69. 71. 73. 75. 77.
79. 81. 83. 85. 87. 89. 91. 93. 95. 97. 99.

TABLE B. (*Roi de cœur.*)

2. 3. 6. 7. 10. 11. 14. 15. 18. 19. 22. 23. 26.
27. 30. 31. 34. 35. 38. 39. 42. 43. 46. 47. 50. 51.
54. 55. 58. 59. 62. 63. 66. 67. 70. 71. 74. 75. 78.
79. 82. 83. 86. 87. 90. 91. 94. 95. 98. 99.

TABLE C. (*Dame de cœur.*)

4. 5. 6. 7. 12. 13. 14. 15. 20. 21. 22. 23. 28.
29. 30. 31. 36. 37. 38. 39. 44. 45. 46. 47. 52. 53.
54. 55. 60. 61. 62. 63. 68. 69. 70. 71. 77. 78. 79.
84. 85. 86. 87. 92. 93. 94. 95. 100.

TABLE D. (*Valet de cœur.*)

8. 9. 10. 11. 12. 13. 14. 15. 24. 25. 26. 27. 28.
29. 30. 31. 40. 41. 42. 43. 44. 45. 46. 47. 56. 57.
58. 59. 60. 61. 62. 63. 72. 73. 74. 75. 76. 77. 78.
79. 88. 89. 90. 91 92. 93. 94. 95.

TABLE E. (*Dix de cœur.*)

16. 17. 18. 19. 20. 21. 22. 23. 24. 25. 26. 27. 28.
29. 30. 31. 48. 49. 50. 51. 52. 53. 54. 55. 56. 57. 58.
59. 60. 61. 62. 63. 80. 81. 82. 83. 84. 85. 86. 87. 88.
89. 90. 91. 92. 93. 94. 95.

TABLE F. (*Neuf de cœur.*)

32. 33. 34. 35. 36. 37. 38. 39. 40. 41. 42. 43. 44.
45. 46. 47. 48. 49. 50. 51. 52. 53. 54. 55. 56. 57. 58.
59. 60. 61. 62. 63. 96. 97. 98. 99. 100.

TABLE G. (*Huit de cœur.*)

64. 65. 66. 67. 68. 69. 70. 71. 72. 73. 74. 75. 76.
77. 78 79. 80. 81. 82. 83. 84. 85. 86. 87. 88. 89. 90.
91. 92. 93. 94. 95. 96. 97. 98. 99. 100.

Carrés magiques

L'addition des nombres disposés dans le tableau suivant donne 175 pour total dans toutes les colonnes du
carré, en lignes perpendiculaires et horizontales, ainsi que
dans les deux diagonales :

22	47	16	41	10	35	4
5	23	48	17	42	11	29
30	6	24	49	18	36	12
13	31	7	25	43	19	37
38	14	32	1	26	44	20
21	39	8	33	2	27	45
46	15	40	9	34	3	28

Les mathématiciens donnent à ces *Carrés* l'épithète de
magiques. Tout nombre de la progression arithmétique par-
tielle de 1 à 16 pouvant être placé indifféremment sur
chacune des cases du carré, il en résulte 16 solutions du
problème. Ces solutions peuvent être obtenues par la voie
du tâtonnement ; mais alors leur recherche, dépourvue de
tout intérêt scientifique, dégénère en jeu de patience. Il
est donc préférable d'avoir recours à la méthode inventée

pour former les Carrés magiques pairement pairs, c'est-à-dire ceux qui sont divisibles par 4. On cite le Grec Manuel Moschopule, qui vivait au quatorzième siècle, comme ayant découvert les *Carrés magiques*. Corneille Agrippa en fait mention dans son ouvrage intitulé : *De occultâ philosophiâ*.

Le restaurateur des Jeux floraux, Simon de la Laloubère, prétend qu'il en a trouvé la connaissance répandue dans l'Inde.

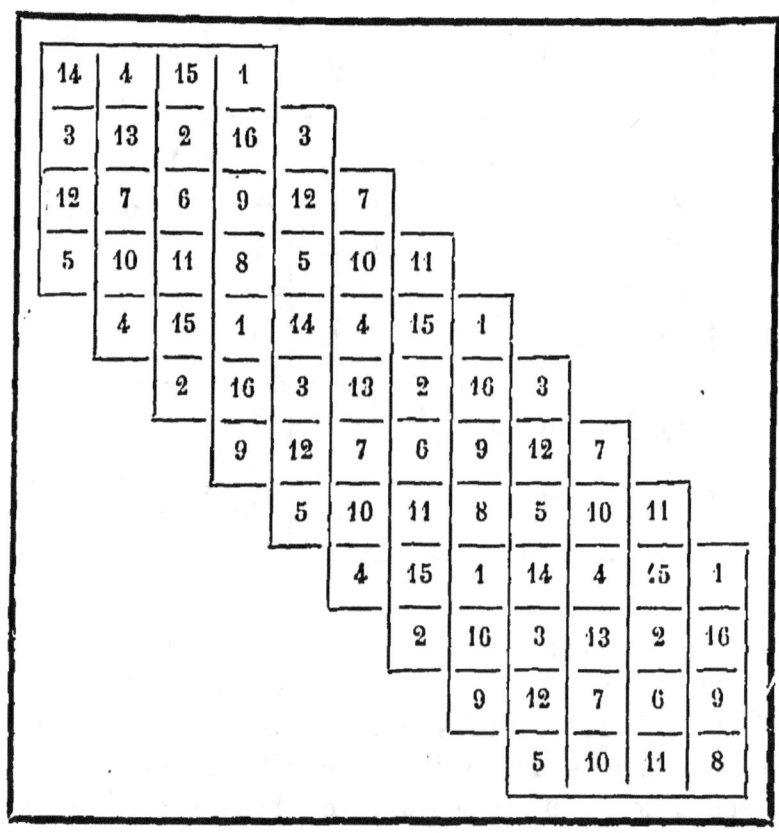

Chronogrammes

On nomme *Chronogramme* une inscription en vers ou en prose, dont les lettres numérales, en chiffres romains, additionnées, offrent la date d'un événement.

à CheVaL, à CheVaL, gendarMes, à CheVaL.

Addition des lettres numérales :

C	=	100
V	=	5
L	=	50
C	=	100
V	=	5
L	=	50
M	=	1000
C	=	100
V	=	5
L	=	50
TOTAL	=	1465

L'addition des lettres numérales donne la date de 1465. Le nom de la bataille livrée en 1465 est celle de Montlhérv.

VERS NUMÉRAL

sur François 1ᵉʳ, prisonnier à Pavie, 1525.

Regla sVCCVMbVnt pVgnaCIo LILIa gaLLI.

En additionnant toutes les lettres numérales, on trouve la date de 1525.

$$1+5+100+100+5+1000+5+5+100+1+50$$
$$+1+50+1+50+50+1 = 1525.$$

QUESTIONS

N° 1

Les trois Gentilshommes

Trois Gentilshommes voyagent avec leurs *Trois Domestiques*. Ceux-ci ont formé le dessein d'assassiner leurs maîtres ; mais ils n'osent agir en nombre égal, et ils attendent une occasion où, le hasard les divisant, ils seront trois contre deux ou deux contre un.

Les Gentilshommes, soupçonnant le complot, se tiennent sur leurs gardes et cherchent à s'arranger de façon que, s'ils doivent se séparer, ils soient toujours en nombre au moins égal à celui des Domestiques.

On arrive au bord d'une rivière.

Une barque y est amarrée ; mais il n'y a que deux places et pas de batelier. Il faudra donc que l'un des passagers rame et ramène la barque pour chercher les autres.

Comment les *Trois Gentilshommes*, qui se tiennent sur la défensive, vont-ils combiner la traversée de la rivière, de manière qu'il n'y ait jamais plus de domestiques que de maîtres sur l'une et l'autre rive ?

NOTA. — *Pour ce jeu, on prend trois jetons blancs ou trois pièces d'argent représentant les Gentilshommes, et trois jetons de couleur ou trois sous représentant les Domestiques. Un ruban, sur une table, figure la rivière.*

N° 2

Les trois Voisins

Dans un domaine clos de murs s'élevaient trois villas : une, la villa B, adossée au mur de clôture ; les deux autres, A et C, isolées à droite et à gauche.

Comme il n'y avait qu'une fontaine commune, les trois locataires des trois villas, qui vivaient en fort mauvaise intelligence, se prirent de querelle au sujet de la préséance. Qui tirerait de l'eau le premier ?

Le cas est soumis au propriétaire. Pour les mettre d'accord, il fait construire trois fontaines, sous une condition :

Le locataire A aura la fontaine *a*, B la fontaine *b*, C la fontaine *c*, et ils s'arrangeront pour tracer chacun un sentier, de leur villa à leur fontaine respective, de manière à ce que les trois chemins, sans sortir de l'enclos, ne se coupent en aucun endroit, et que les trois voisins batailleurs puissent aller et venir sans jamais se rencontrer.

N° 3
La Croix de diamants

Une dame porte chez un orfèvre *dix-huit diamants*. Elle veut qu'ils soient montés sur une Croix latine, de manière à ce qu'en partant du pied de la croix et en additionnant de bas en haut, ainsi que du pied de la croix à l'extrémité de chaque branche transversale, on compte dix diamants.

L'orfèvre dessine la croix, en indiquant la place des dix-huit pierres comme dans la figure ci-dessous :

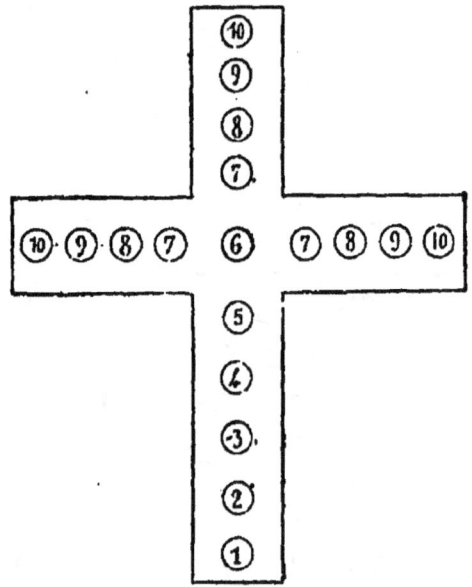

« C'est cela même, dit la dame.

— Madame, reprend l'orfèvre, je puis exécuter la croix dans les mêmes conditions avec *seize diamants*, et il en restera deux que je monterai en boucles d'oreilles. »

Comment l'orfèvre disposera-t-il les seize diamants sur la croix latine, de manière à ce qu'en partant du pied de la Croix et en additionnant de bas en haut, ainsi que du pied de la croix à l'extrémité de chaque branche transversale, on compte en effet dix diamants?

N° 4

Inscription énigmatique

Comment faut-il lire cette phrase pour en relier les mots et le sens régulier?

> . CE ce STP sip ARLES
>
> arlec PR oeu ITQ
>
> rqu UONSA onn MUS
>
> esenn EMA uiepIS as.

N° 5

Le Champ paternel

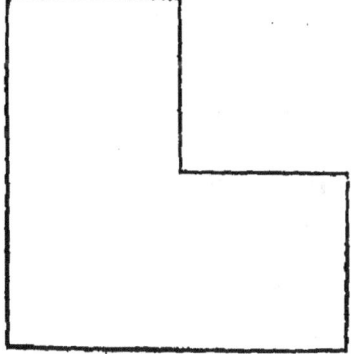

Un paysan laisse à ses quatre fils un champ représenté par la figure ci-dessus. Par son testament, il exige que le champ soit partagé en quatre lots parfaitement égaux.

N° 6

Énigme géométrique

Quels sont les figures, signes et caractères que présentent, réunis, ce dessin?

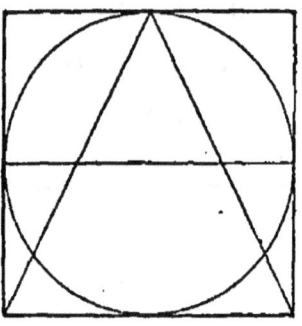

N° 7

La Croix latine

Construire une *Croix latine* avec du papier découpé sur le modèle des fragments représentés par la figure ci-dessous.

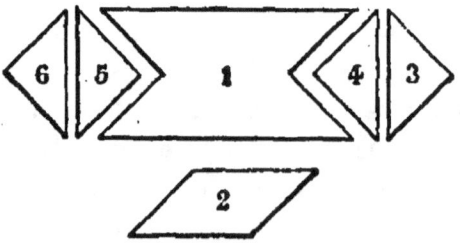

N° 8

L'Étang

Un étang, figuré ci-dessous, a la forme d'un carré par-fait. A chaque angle est un arbre.

Donner à l'étang une surface double sans déplacer les arbres, et de manière à ce qu'ils restent toujours en de-hors de l'étang.

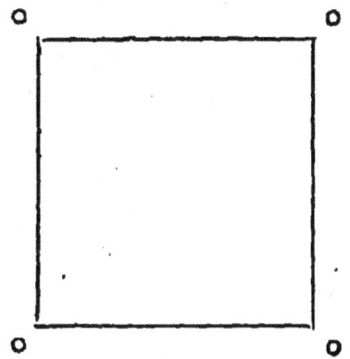

N° 9

Les 36 Zéros

Étant donné 36 zéros disposés en carré, en ôter 6, de manière qu'il en reste un nombre pair dans chaque co-lonne, en ligne horizontale et en ligne perpendiculaire.

```
0  0  0  0  0  0
0  0  0  0  0  0
0  0  0  0  0  0
0  0  0  0  0  0
0  0  0  0  0  0
0  0  0  0  0  0
```

N° 10

Le Cercle

Partager un cercle en deux parties égales, ayant chacune pour périmètre la totalité de la circonférence du cercle donné.

N° 11

INSCRIPTION

trouvée à Persépolis, gravée en caractères arabes sur pierre de marbre, et traduite en français par un missionnaire :

Illuminat nos veritas.

dis pas	tu sais	dit	sait	dit	doit se taire
fais pas	tu penses	fait	pense	fait	ne convient pas
crois pas	tu entends	croit	entend	croit	ne peut être
prodigue pas	tu as	prodigue	a	prodigue	lui est utile
juge pas	tu vois	juge	voit	juge	n'est pas
ne	tout ce que	car qui	tout ce qu'il	souvent	ce qui

N° 12

La figure suivante forme cinq carrés, au moyen de quinze fiches ou de quinze allumettes.

Enlever trois fiches ou trois allumettes, de façon à ce qu'il reste trois carrés.

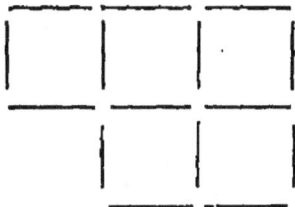

N° 13

Étant donné 9 carrés formés par 24 lignes, supprimer 8 lignes, de manière à former deux carrés parfaits avec les 16 lignes qui restent.

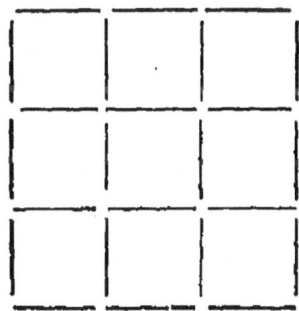

N° 14

Attribut mythologique

Quel est l'objet, attribut d'un personnage mythologique, dans le dessin duquel se trouvent figurés tous les chiffres arabes ?

V

DEVISES

Les Devises étant données, la solution consiste à déterminer le Personnage, la Ville, etc., auxquels les devises
appartiennent.

N° 1

La devise de S****** apparaît sur tous les monuments,
dans les bas-reliefs de la pierre, dans les dessins des grilles de fer, sur les marteaux des portes, comme une énigme
offerte à la sagacité des étrangers. Lorsque le bon roi
A****** I* S*** était en guerre avec son fils, D** S*****, qu'il
maudit en mourant, toutes ses villes lui échappèrent une
à une. S***** seule lui resta fidèle. Elle mérita ainsi les
titres de *noble*, *loyale*, *héroïque* et *invincible*, et reçut pour
devise :

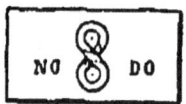

N° 2

Quelle est la femme célèbre qui avait cette devise, et
quelle en est la signification :

Fortune. — Infortune. — Fort une.

VI

ANAGRAMMES

L'*Anagramme* se compose de un ou plusieurs mots formant un sens, dont les lettres reconstituent un ou plusieurs autres mots.

Dans la construction des anagrammes, les lettres U et V, les lettres I, J et Y s'emploient indifféremment l'une pour l'autre.

EXEMPLES

N° 1

LA RAISON SEULE LE DEVINE.

N° 2

MARTYRE TU AS.

N° 3

RAVI.

SOLUTIONS

N° 1

Le *Journal de la Jeunesse.*

N° 2

Marie Stuart.

N° 3

Jura.

ANAGRAMMES HISTORIQUES

Les anciens cultivaient avec succès l'*Anagramme*. Lycophron, qui écrivait du temps de Ptolémée-Philadelphe, est célèbre en ce genre.

Pilate, interrogeant Jésus, lui fit cette question :

QUID EST VERITAS ?

Il lui fut répondu par anagramme :

EST VIR QUI ADEST.

Il y a des vers latins et grecs dont chaque mot forme une anagramme renversée, comme *Roma* et *Amor*, et, en français, *Noël* et *Léon*.

Au seizième siècle, les anagrammes étaient fort à la mode, et celles de cette époque sont restées les modèles du genre.

C'est Calvin qui fut l'introducteur de l'anagramme en France. En tête de ses *Institutions*, imprimées à Strasbourg, il prit le nom d'ALCUINUS, qui est l'anagramme de CALVINUS.

On trouve aussi, dans Rabelais, plusieurs anagrammes. Lui-même se revêt du pseudonyme : ALCOFRIBAS NASIER, composé des mêmes lettres que son nom, FRANÇOIS RABELAIS.

On sait que ce fut Dorat, poète français, qui mit ce genre en honneur sous le règne de Charles IX.

On imagina une fort belle anagramme sur FRÈRE JAC-
QUES CLÉMENT, meurtrier de Henri III :

C'EST L'ENFER QUI M'A CRÉÉ.

De PIERRE DE RONSARD, on a fait :

ROSE DE PINDARE.

CATHERINE DE MÉDICIS :

CHAINE DITE DE CRIMES.

VERNIETTES, pseudonyme de J.-B. Rousseau, rougissant
de son père, le savetier :

TU TE RENIES.

RÉVOLUTION FRANÇAISE

UN CORSE VOTÉ LA FINIRA.

VERSAILLES :

VILLE SERAS.

LAMARTINE, montant au pouvoir en 1848 :

MAL T'EN IRA.

Bachet a composé, sous le titre d'*Anagrammeana*, un
poème de 1200 vers dont chacun contient une anagramme.

QUESTIONS

SIÈCLE DE LOUIS XIV

N^{cs} 1. — Prier orne le ciel.	N°s 27. — Cy la rue Roland.
2. — Ricane.	28. — Eva Watt.
3. — Orme lie.	29. — N. G. Mardi.
4. — Ton âne fila.	30. — L. L. Lui.
5. — O deux, le beau Paris.	31. — P. G. tue.
6. — Signe d'Ève.	32. — Le trône.
7. — O bustes.	33. — C. Tolla.
8. — R. Albe, manche.	34. — Il n'y a quinte.
9. — On enfle.	35. — Valet.
10. — Lisons mal.	36. — Z. n'a mari.
11. — Beau vol d'or.	37. — Tel broc.
12. — Réfléchi.	38. - - Vol, vois.
13. — Mis Ainton.	39. — B. N., va, va.
14. — P. Didon, Gaule.	40. — Ce don.
15. — D. I. sucre.	41. — N. N. treve.
16. — C. Z. Alba.	42. — Illa, rus.
17. — Tue voir.	43. — Trouville.
18. — Le B. y verra.	44. — Tour du vin gai.
19. — P. Balai, classe.	45. — Abat rien.
20. — Est-ce redanser.	46. — L. N. à la tuile.
21. — T., Arme-toi.	47. — D. va, ange.
22. — L. D. Varna.	48. — A bile.
23. — Le coin.	49. — Au bon sac.
24. — E. N. Callot.	50. — Vase, Siam.
25. — L. Revues.	51. — C. la grise.
26. — O punis-les.	52. — Monte, nain.

VII

MOYENS MNÉMONIQUES

Les *Moyens mnémoniques* sont autant de clefs à l'aide desquelles la mémoire fixe et classe des faits et des idées sans ordre ou sans lien apparent.

Il suffit d'avoir eu des examens à passer pour s'être créé des Clefs mnémoniques.

Une des plus curieuses est celle imaginée par Napoléon Iᵉʳ, lorsqu'il commandait l'armée d'Italie :

« Si, de Parme comme centre, avec un rayon égal à soixante lieues, on décrit une demi-circonférence, cette demi-circonférence passe par tous les sommets des Alpes. »

La date de la bataille d'Issus est 333 : trois S, trois 3.

On pourrait multiplier les exemples. Le plus répandu et le plus commode des moyens mnémoniques est de faire un nœud à son mouchoir ; mais je doute qu'il soit infaillible pour retenir, par exemple, la nomenclature des Corps simples ou la Chronologie des Rois de France.

EXEMPLE

LES NEUF MUSES

Calliope, — Uranie, — Terpsichore, — Polymnie, — Euterpe, — Thalie, — Melpomène, — Erato, — Clio.

MOYEN MNÉMONIQUE

Vers sur Melpomène :

Cache Un Triste Poignard Et Ton Masque En Carton.

QUESTIONS

N° 1

Quelle est la Tragédie qui, par la première lettre du nom de son auteur, de son propre nom et du premier vers de chacun de ses actes, forme un mot de cinq lettres qui se trouve dans le premier vers de l'ouvrage ?

N° 2

Quelle est la Pléiade des hommes célèbres de l'antiquité, dont les noms correspondent aux lettres capitales de ce vers mnémonique :

Travailler, Penser Bien, Mourir Comme Ces Sages.

N° 3

LES SEPT CYGNES

Quels sont les Sept écrivains qui ont reçu le surnom de *Cygne*, et dont les sept initiales sont représentées par les lettres capitales de ce vers :

Chacun Fait Pas à Pas Son Pénible Voyage.

N° 4

Quels sont les Sept poètes de la Pléiade française du dix-septième siècle, dont les sept initiales sont représentées par les lettres capitales de ce vers :

Ces Sept Poètes Morts, Règne De Louis XIII.

VIII

COQUILLES AMUSANTES

On appelle *Coquilles*, en terme d'imprimerie, les erreurs typographiques qui dénaturent l'orthographe ou le sens d'un mot. Il arrive que le changement d'une seule lettre produit un effet comique. La solution consiste à rétablir le sens primitif ainsi défiguré.

EXEMPLE

Armez-vous (aimez-vous) les uns les autres.

QUESTIONS

N 1

Le Testament de Bridoison

J'ai un demi-million de fortune, que je laisse par moitié à mon neveu et à ma nièce. Le jour de mon décès, ils donneront cent mille francs aux pauvres, et il restera donc à chacun d'eux cent mille francs, dont j'espère qu'ils feront bon usage.

N° 2

L'auteur est de la famille des muses.

N° 3

Cette jeune folle a l'air modiste.

N° 4

Bulletin de santé :
Le vieux persiste.

N° 5

Le plus bête des trois n'est pas celui qu'on panse.

LAFONTAINE.

N° 6

Par quelle erreur un libraire envoya-t-il 600 k. de livres à un client, qui lui demandait, par lettre, des récits de voyages ?

N° 7

Par quelle autre erreur un ingénieur d'Algérie, sur un ordre écrit du gouverneur, fit-il placer 99 bornes-fontaines dans une rue ?

IX

PRÉNOMS

QUESTIONS

N° 1. CALIGULA. — N° 2. SUZANNE. — 3°. SÉMIRAMIS.

X

NOMBRES

N° 1

Le Valet Infidèle

Un maître de maison a reçu un panier de trente-deux bouteilles de vin de Bourgogne, qu'il fait ranger dans la cave par son domestique dans l'ordre suivant, en lui faisant remarquer qu'il y a neuf bouteilles de chaque côté :

32 bouteilles.

1	7	1
7		7
1	7	1

Le domestique vole douze bouteilles à trois reprises différentes, c'est-à-dire quatre à la fois, et cependant, à chacune des trois visites que son maître fait à la cave après chaque vol, il y a toujours neuf bouteilles de chaque côté.

Comment le domestique les avait-il disposées ?

N° 2

Le Cadi

Un musulman mourut, laissant à ses *trois enfants dix-neuf chameaux*. D'après sa volonté, les chameaux ne pouvaient pas être vendus avant le partage ; l'aîné devait en avoir la moitié, le cadet le quart et le plus jeune le cinquième. Ne sachant comment prendre leur part, ils se rendirent devant le cadi et lui exposèrent leur embarras.

« Vous êtes trois, dit le cadi, et il y a dix-neuf chameaux. L'un a 1/2, l'autre le 1/4, le dernier le 1/5. Revenez demain. Si vous n'avez pas trouvé, je vous mettrai d'accord. »

Quelle est la sentence du cadi pour ordonner le partage ?

N° 3

Les Trois Sœurs

Une fermière envoie ses trois filles au marché de la ville voisine, en leur disant :

« Voilà 90 œufs.

» Suzanne, l'aînée, en a 50 dans son panier.

» Charlotte, la cadette, en a 30.

» Marie, la plus jeune, en a 10.

» Vous vendrez chacune vos œufs le même prix, et vous me rapporterez la même somme d'argent. »

Comment s'arrangeront les trois jeunes paysannes pour remplir les instructions de leur mère ?

N° 4

Les Blancs et les Noirs

Un navire est menacé de sombrer. On a déjà jeté les bagages, les canons, les vivres à la mer. Cela ne suffit pas : il faut sacrifier la moitié de l'équipage. Il y a 32 marins, 16 blancs et 16 noirs.

Le capitaine les fait ranger *sur une seule ligne* pour les décimer. Commençant par la gauche, il fait précipiter à la mer le dixième marin, le vingtième, le trentième, puis revient sur ses pas et continue ainsi par le huitième, etc. La décimation terminée, les 16 noirs ont été jetés à la mer.

Dans quel ordre le capitaine avait-il fait ranger les marins en ligne pour sauver les 16 blancs?

N° 5

Le Dîner

Huit personnes conviennent de dîner ensemble tous les jours, jusqu'à ce qu'elles se soient assises à table en épuisant toutes les manières possibles de varier l'ordre des convives. Combien de fois devaient dîner ces huit convives, et pendant combien de temps?

N° 6

L'Aumône

Comment pouvait-on faire l'aumône à huit pauvres avec un sou, à l'époque où les anciennes monnaies, déjà remplacées par les nouvelles, n'avaient pas encore disparu de la circulation?

N° 7

L'Escalier

De combien de marches se compose un escalier quand,
en le montant de deux en deux, il en reste une ; de trois
en trois, il en reste deux ; de quatre en quatre, il en reste
trois ; de cinq en cinq, il en reste quatre ; de six en six, il
en reste cinq ; et de sept en sept, il n'en reste pas ?

N° 8

L'École de Pythagore

« O gloire de l'Hélicon, Pythagore, chéri des Muses !
dis-moi combien de disciples fréquentent ton école ; combien, près de toi, écoutent, haletants, la parole du maître
discutant la sagesse ?

— Le voici, Polycrates ; grave dans ton esprit ce que je
vais te dire :

« La moitié étudie les mathématiques, la science de lumière et de vérité ; le quart travaille à découvrir les immor-
telles lois qui régissent la nature ; le septième réfléchit
sur tout ce qu'il entend et reste assis en silence ; mais à
côté, il y a trois femmes. »

LES JEUX

Échecs. — Dames. — Dominos. — Cartes.

XI

ÉCHECS

QUESTION

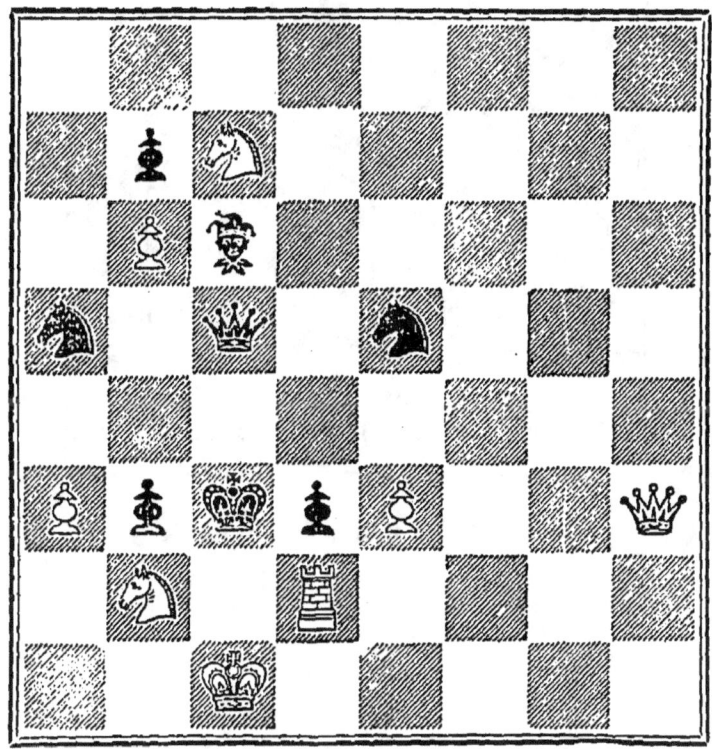

Le blanc joue et fait MAT EN DEUX COUPS.

XII

DAMES

QUESTION

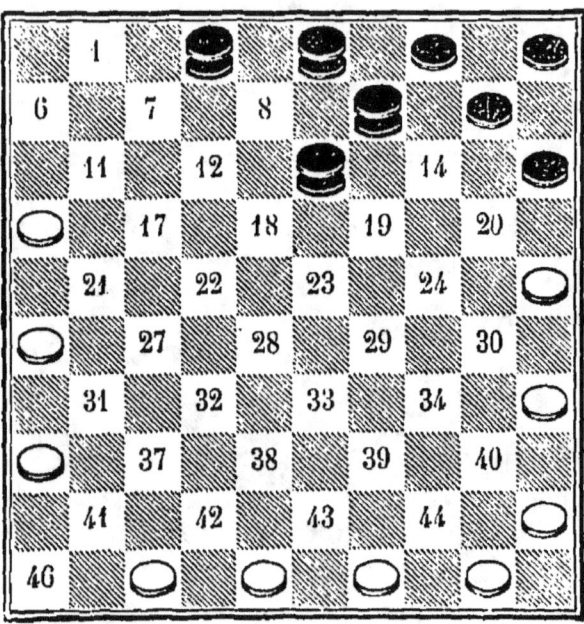

Les Blancs jouent et gagnent.

XIII

DOMINOS

QUESTIONS

Nº 1

Par quel moyen peut-on annoncer d'avance le nombre de points finissant les deux extrémités du jeu de Dominos, quand les dominos seront mis bout à bout, nombre contre nombre, c'est-à-dire six contre six, blanc contre blanc, trois contre trois, etc., les doubles étant tous placés ?

Nº 2

Disposer les vingt-huit dés du jeu de dominos en rectangle, quatre doubles aux angles, en dehors, de manière à former quatorze carrés : deux carrés de blancs, deux carrés d'as, deux carrés de deux, deux carrés de trois, deux carrés de quatre, deux carrés de cinq et deux carrés de six.

XIV

CARTES

QUESTIONS

N° 1

Le Carré de cartes

Ranger les 4 Rois, les 4 Dames, les 4 Valets et les 4 As d'un jeu de cartes en carré, de manière que chaque ligne horizontale, perpendiculaire et diagonale contienne un Roi, une Dame, un Valet et un As de couleurs différentes.

N° 2

La Carte pensée

L'opérateur mêle le jeu et fait défiler les 32 cartes, en les retournant et en les appelant en ordre : un, deux, trois, etc., jusqu'à 32. Une personne pense une carte. Lorsque la série est épuisée, l'opérateur fait couper le jeu autant de fois qu'on veut, et la personne qui a pensé une carte lui dit alors le numéro qu'elle occupait dans l'ordre où elles ont été appelées. Il fait ensuite défiler les cartes de nouveau, et nomme, seulement à la fin, celle qui a été pensée.

Par quel moyen peut-il désigner la carte pensée ?

N° 3

Deux quatre-vingt-dix

Deux joueurs font une partie de Piquet, et font chacun *quatre-vingt-quinze points?*
Que comptent-ils l'un et l'autre ?

XV

SYNONYMES — CONTRAIRES

Étant donné une série de mots, dont le nombre est égal à celui des lettres d'un Proverbe, il s'agit d'en chercher les *Synonymes* ou les *Contraires* qui, par leurs Initiales, forment le Proverbe à découvrir.

Synonymes

EXEMPLE

Noblesse oblige.

N	uit.	— *Ténèbres.*
O	béissant.	— *Docile.*
B	eau.	— *Joli.*
L	éger.	— *Frivole.*
E	colier.	— *Disciple.*
S	avant.	— *Érudit.*
S	érieux.	— *Grave.*
E	ntrer.	— *Pénétrer.*
O	ter.	— *Supprimer.*
B	rigand.	— *Bandit.*
L	ier.	— *Attacher.*
I	njuste.	— *Inique.*
G	lacé.	— *Froid.*
E	pée.	— *Glaive.*

QUESTION

Un proverbe de cinq mots :

Abandonner. — *Citadin.* — *Péché.* — *Carnet.* — *Économie.* — *Abattre.* — *Compétiteur.* — *Panégyrique.* — *Consentir.* — *Plainte.* — *Monde.* — *Tuer.* — *Branche.* — *Festin.* — *Défaite.* — *Haine.*

Contraires

EXEMPLE

Noblesse oblige.

N	uit.	— *Jour.*
O	béissant.	— *Indocile.*
B	eau.	— *Laid.*
L	éger.	— *Lourd.*
E	colier.	— *Professeur.*
S	avant.	— *Ignorant.*
S	érieux.	— *Gai.*
E	ntrer.	— *Sortir.*

O	ter.	— *Ajouter.*
B	rigand.	— *Gendarme.*
L	ier.	— *Délier.*
I	njuste.	— *Juste.*
G	lacé.	— *Chaud.*
E	pée.	— *Fourreau.*

QUESTION

Un proverbe de quatre mots :

Douceur. — *Neuf.* — *Libre.* — *Sucré.* — *Séparer.* — *Mono-tonie.* — *Soumission.* — *Ignorant.* — *Fourbe.* — *User.* — *Gen-darme.* — *Maître.* — *Mécontent.* — *Fertile.* — *Carré.* — *Aiguisé.*

XVI

LETTRES INCONNUES

Étant donnée une série de mots, on demande d'ajouter ou de supprimer à chacun une ou deux mêmes lettres, pour en former d'autres mots.

EXEMPLE

Lettres ajoutées

S.   G.

ELIE.   MEULE.   ÉTOILER.

SOLUTION

ÉGLISE.   LÉGUMES.   SORTILÉGE.

On fait l'opération inverse pour les *Lettres supprimées*.

QUESTION

Ajouter une *même Voyelle* et une *même Consonne* aux lettres qui composent chacun de ces vingt mots, et, au moyen de cette addition, former vingt autres mots.

L'ordre des lettres peut être transposé à volonté.

NAGEUR. — LISSE. — SUCRE. — LIN. — RIEN. — LIBRE. — SIRE. — CIEL. — LOURD. — FRONDE. — LAYETTE. — NICOT. — LICE. — TIR. — FREIN. — VOIR. — BILE. — IRE. — CARON. — RACE.

XVII

LE FIL D'ARIANE

MARCHE DU CAVALIER

On donne le nom de *Problèmes syllabiques du Cavalier* à la disposition de syllabes égrenées sur les 64 cases d'un échiquier.

Ces syllabes ne sont pas dispersées comme les perles d'un collier rompu; leur désordre est méthodiquement calculé. Pour les relier dans leur succession régulière et reconstituer des phrases ou des vers brisés, on a un fil conducteur, comparable au *Fil d'Ariane*, pour se diriger à travers le Labyrinthe. Ce fil est la ligne qu'on trace sur les pas d'un *Cavalier*, qui parcourt toutes les cases de l'échiquier sans passer deux fois sur la même case.

Rosace du Cavalier

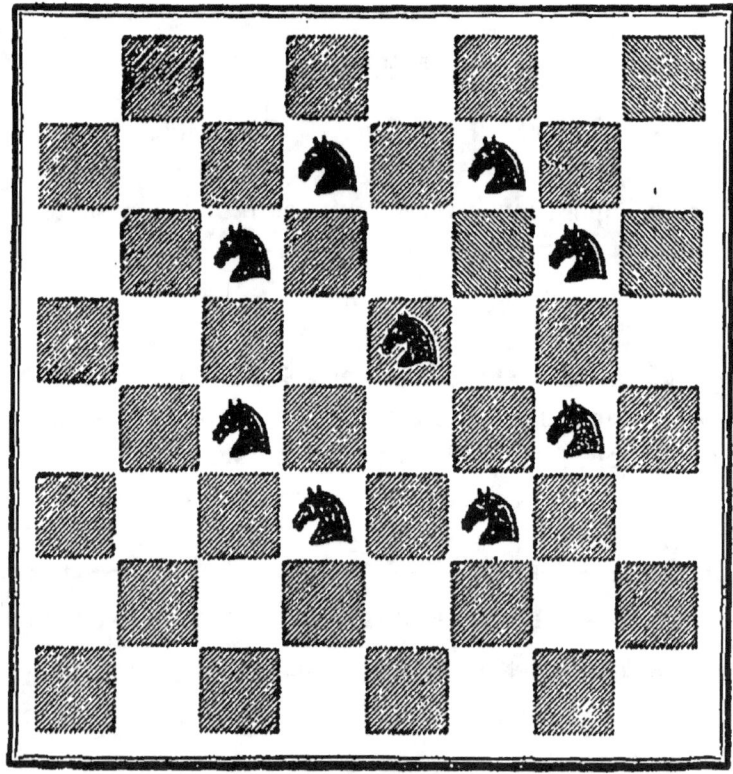

Le *Tableau chiffré*, de 1 à 64, que nous donnons avec les *Problèmes syllabiques*, est plus clair que toutes les définitions. On voit la marche oblique, tortueuse du Cavalier. Il a l'air d'éclater comme un obus au milieu d'un champ de bataille.

Cette marche du *Cavalier* sur l'échiquier peut se représenter de deux manières, soit par des lignes, soit par des chiffres. Chacune de ces méthodes met en évidence des particularités dignes d'intérêt. Si l'on représente la marche du Cavalier par des lignes, on trouve qu'il trace, dans son parcours sur les 64 cases de l'échiquier, des dessins très variés et souvent d'une symétrie remarquable, comme celle d'un dessin de tapisserie.

EXEMPLE

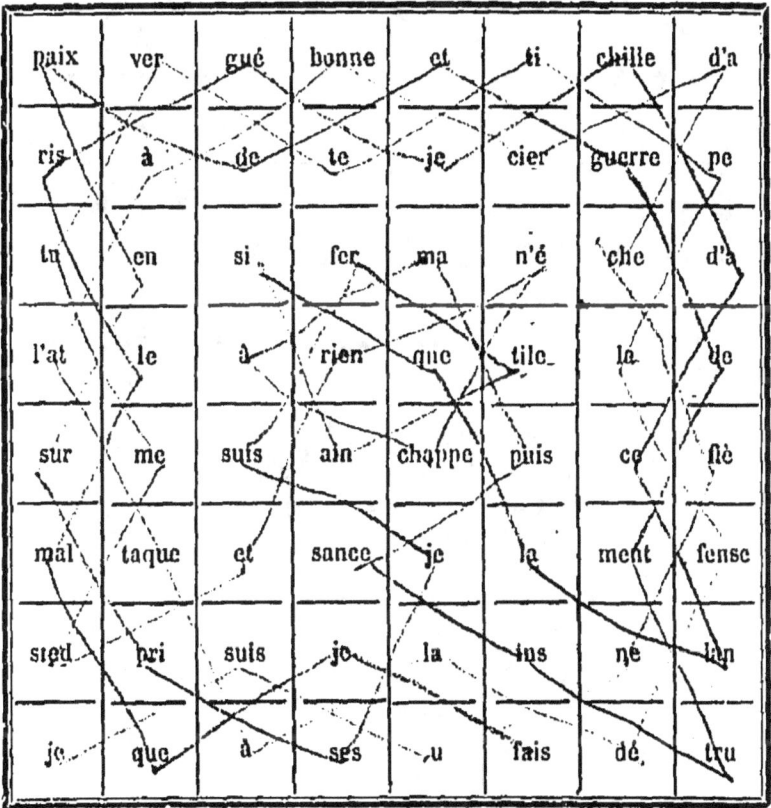

Une fois le problème syllabique résolu, les vers reconstruits dans leur succession régulière présentent une *Énigme*.

SOLUTION

DESSIN

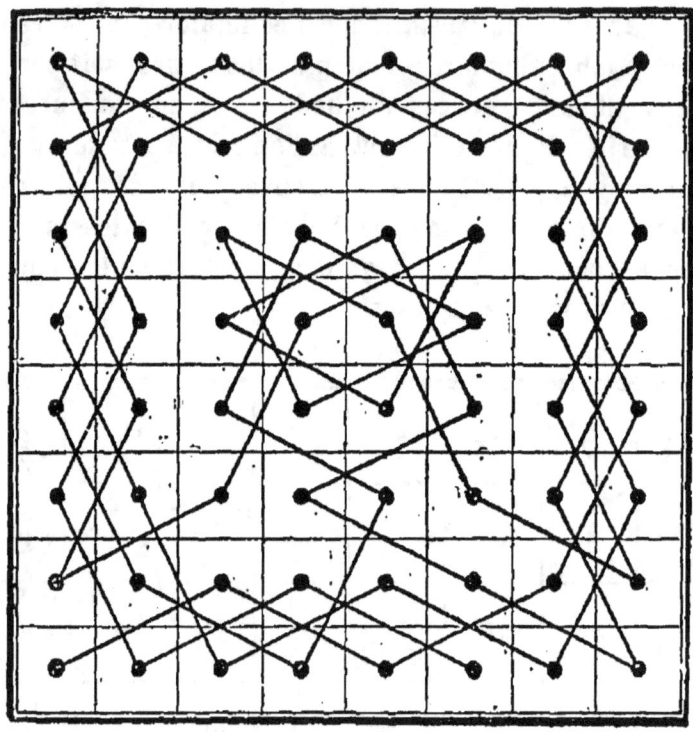

VERS

Je suis une flèche d'acier,
Bonne à l'attaque, à la défense;
La petite Vertu me sied,
Et rien n'échappe à ma puissance.
Instrument de guerre et de paix,
En surprises je suis fertile;
Ainsi que la lance d'Achille,
Je guéris le mal que je fais.

Solution de l'Énigme : La Plume.

CHIFFRES

40	21	58	9	38	19	56	7
59	10	39	20	57	8	37	18
22	41	50	47	30	27	6	55
11	60	29	26	51	48	17	36
42	23	46	49	28	31	54	5
61	12	25	32	45	52	35	16
24	43	2	63	14	33	4	53
1	62	13	44	3	64	15	34

QUESTION

isir	ucc	anc	d'ora	smin	flo	confia	le
c'est	ter	pla	do	nce	my	cu	la
ur	la	nger	bl	ur	ja	est	la
ra	le	le	le	la	c'est	stère	bl
vio	col	est	la	la	sca	uven	use
l'inn	spic	pe	l'an	est	one	is	la
ère	lette	la	nce	cand	ir	bie	so
est	occ	et	nsée	ém	le	cur	l'ir

Modèles de dessins

Les Quinze dessins que nous donnons ci-après sont des types choisis de la *Marche du Cavalier*.

On remarquera qu'il y a deux sortes de Chaînes :

1° *Les Chaînes ouvertes*, qui marquent le point de départ et d'arrivée ;

2° *Les Chaînes fermées*, où ces deux points peuvent être pris indifféremment sur toutes les cases de l'Échiquier.

N° 1

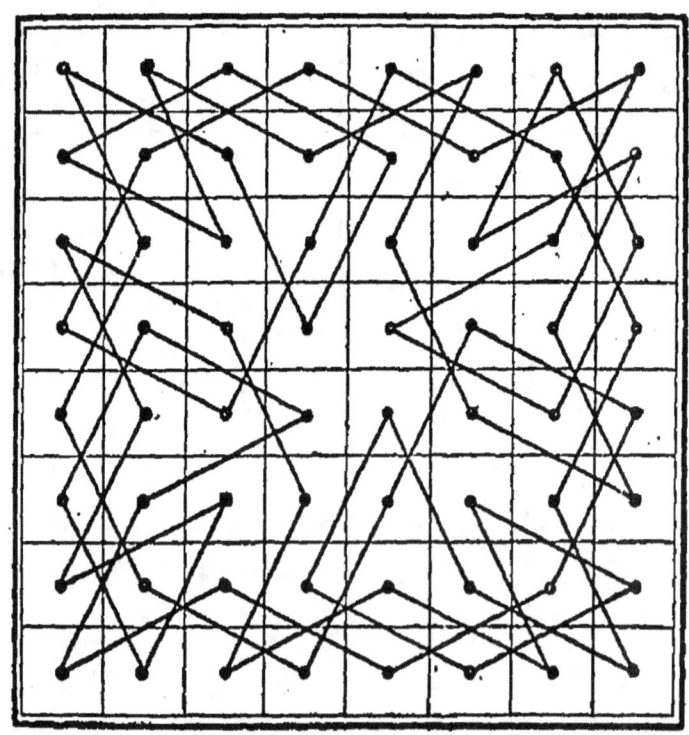

Nº 2

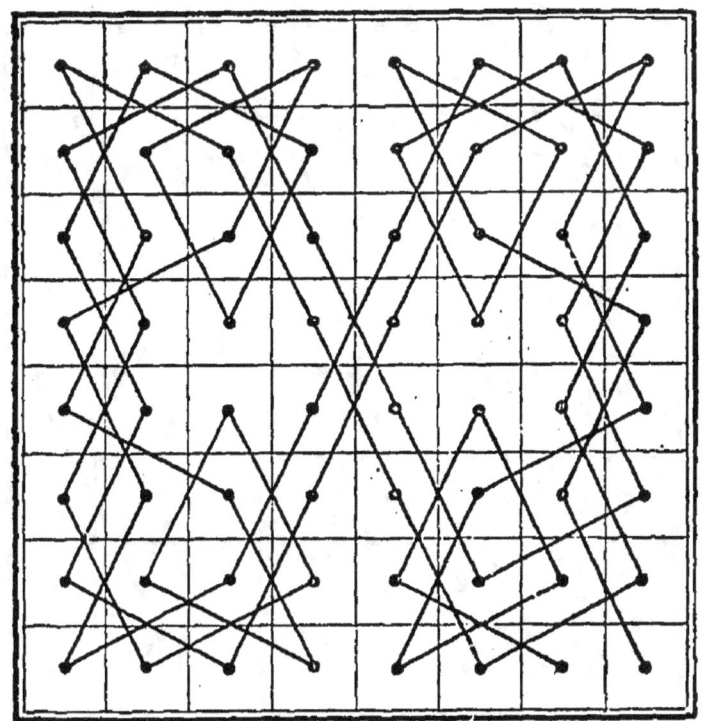

Nº 3

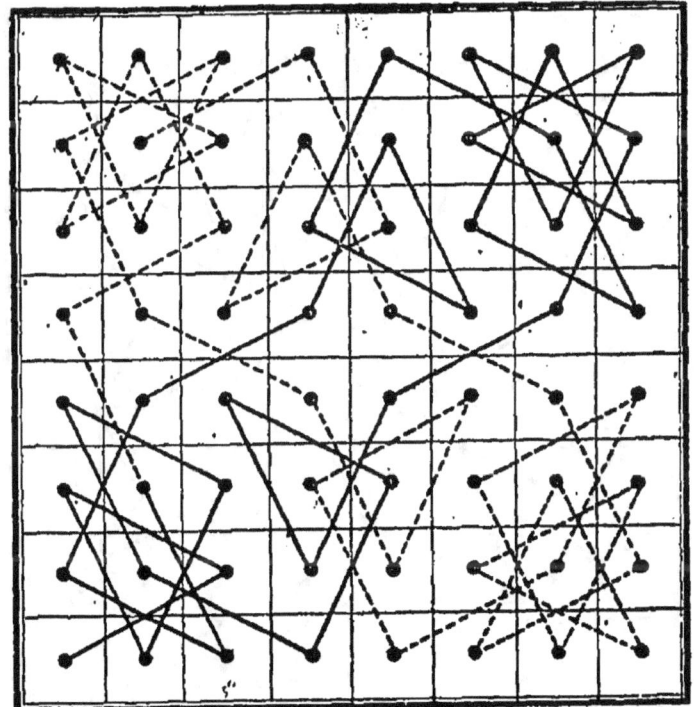

Nº 4

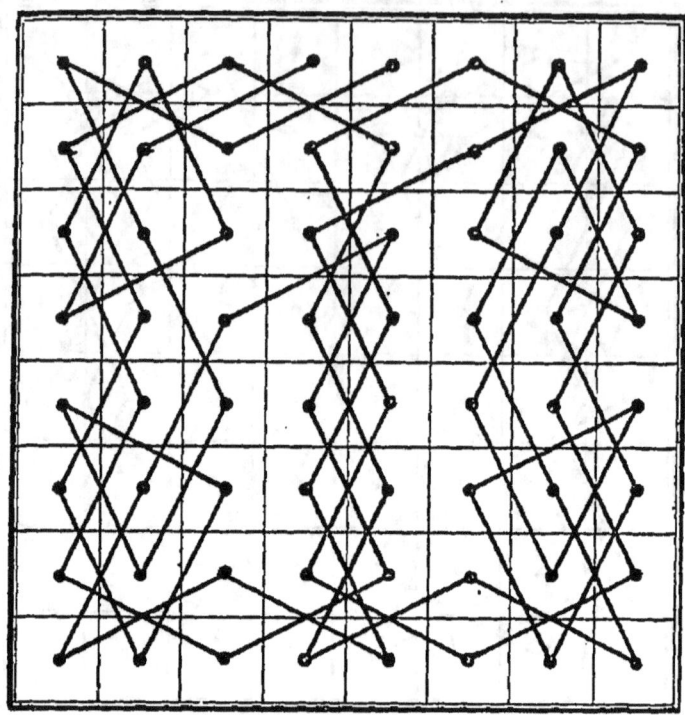

Nº 5

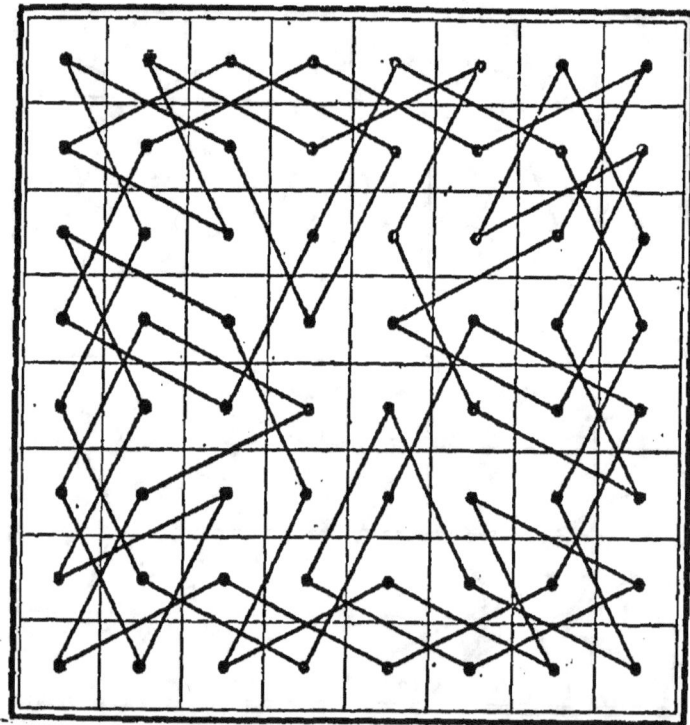

Nº 6

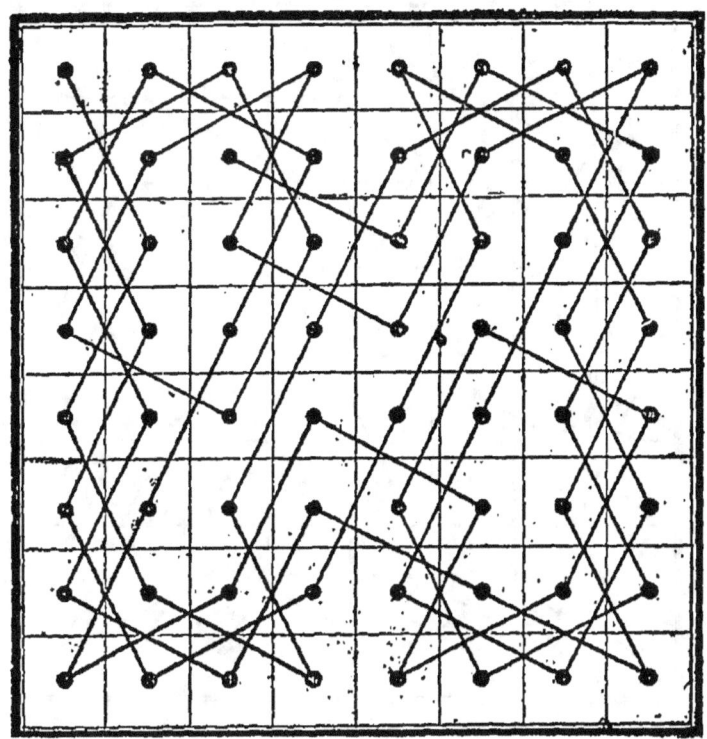

Nº 7

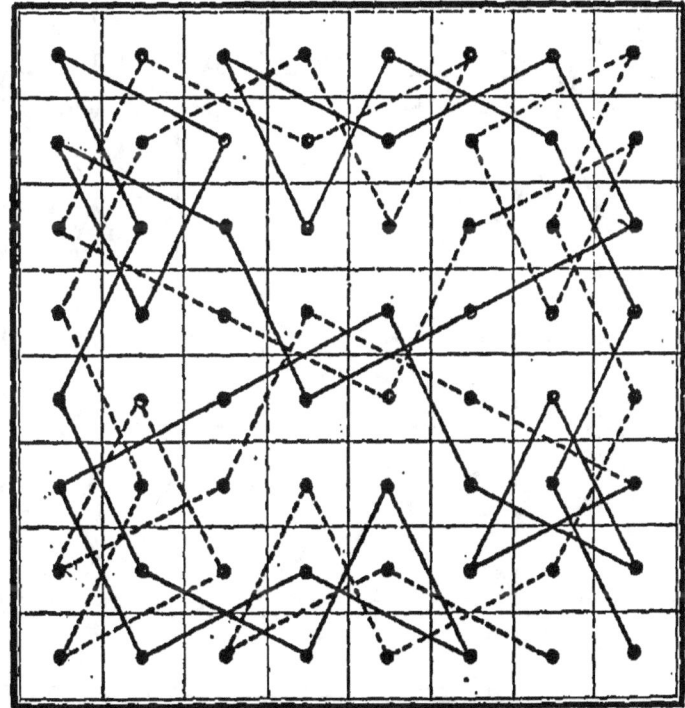

Nº 8

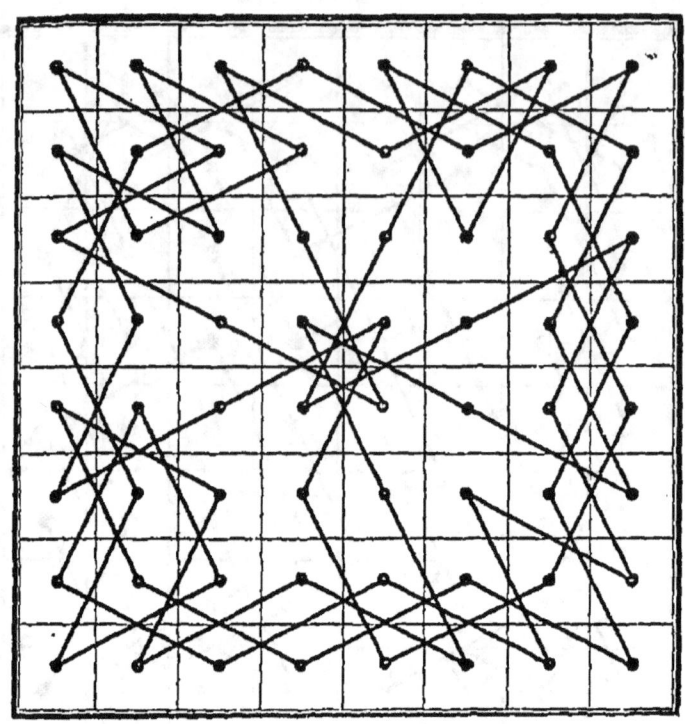

Nº 9

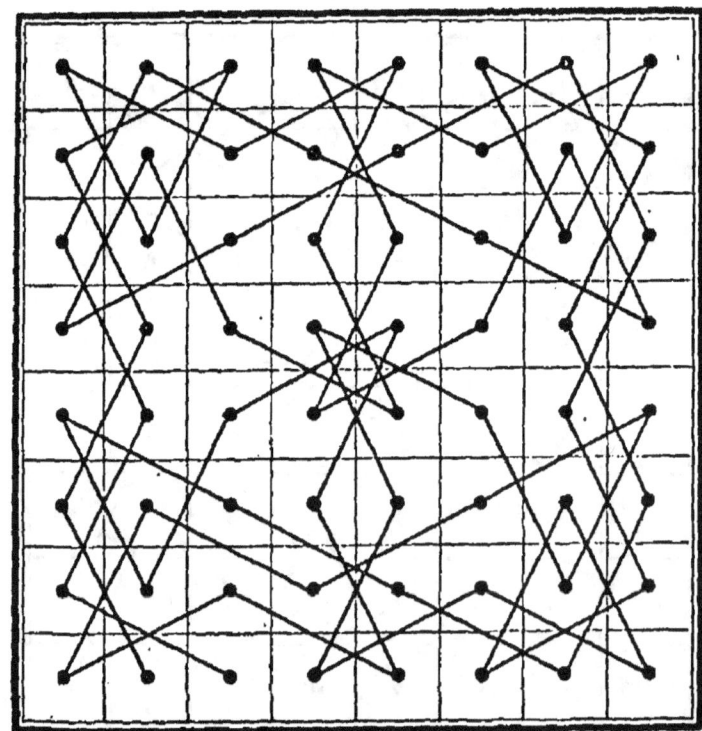

Nº 10

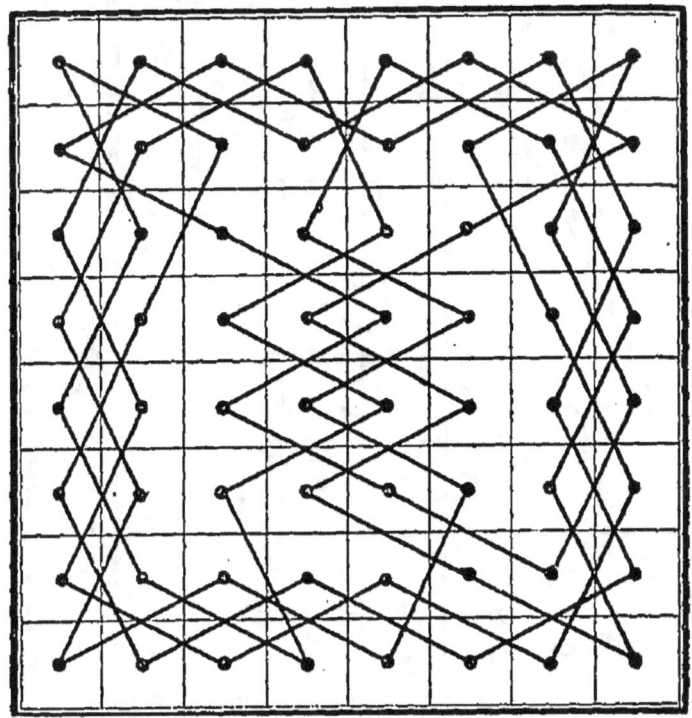

Nº 11

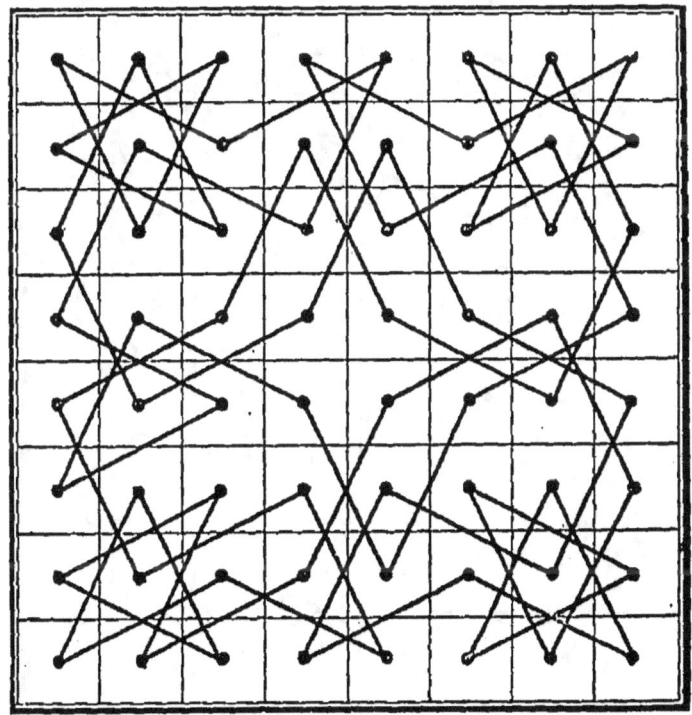

N° 12

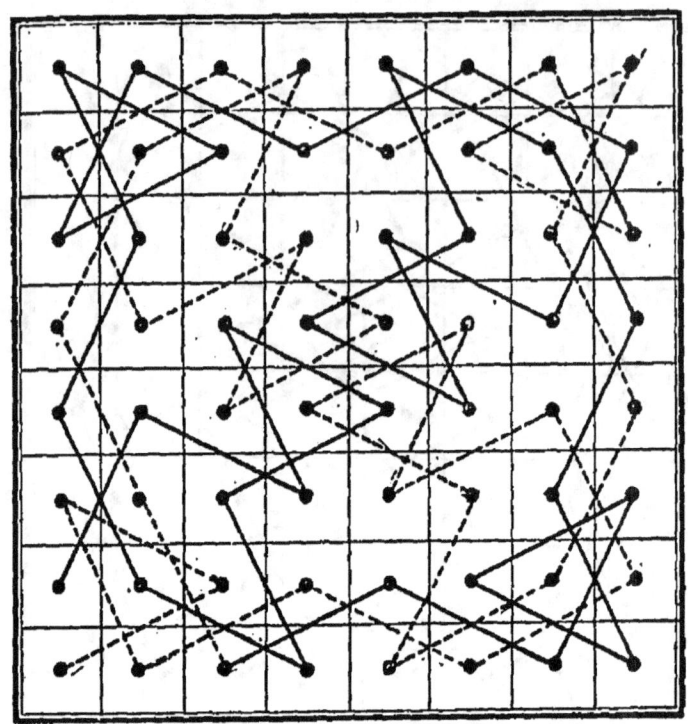

N° 13

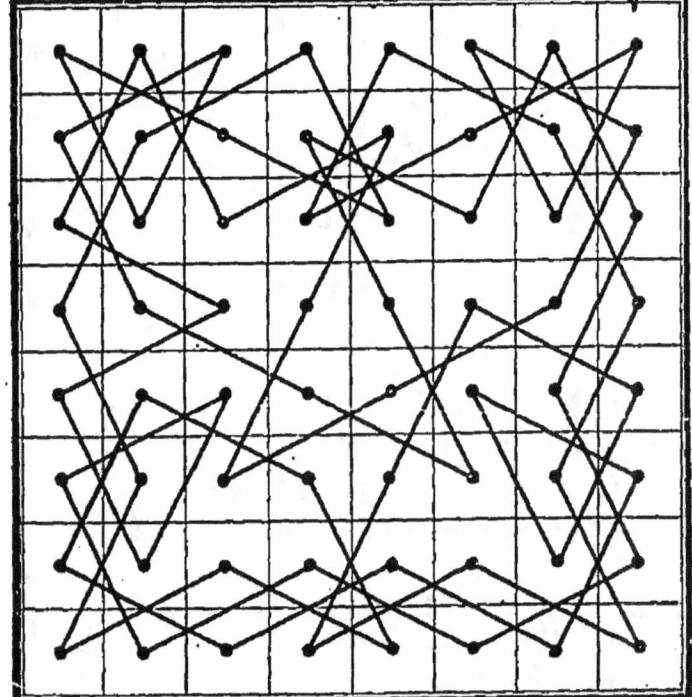

Nº 14

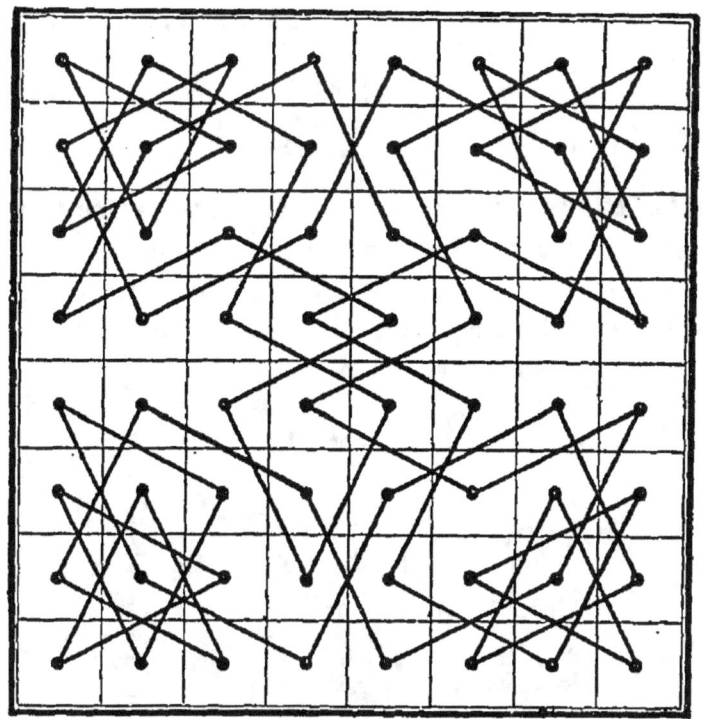

Nº 15

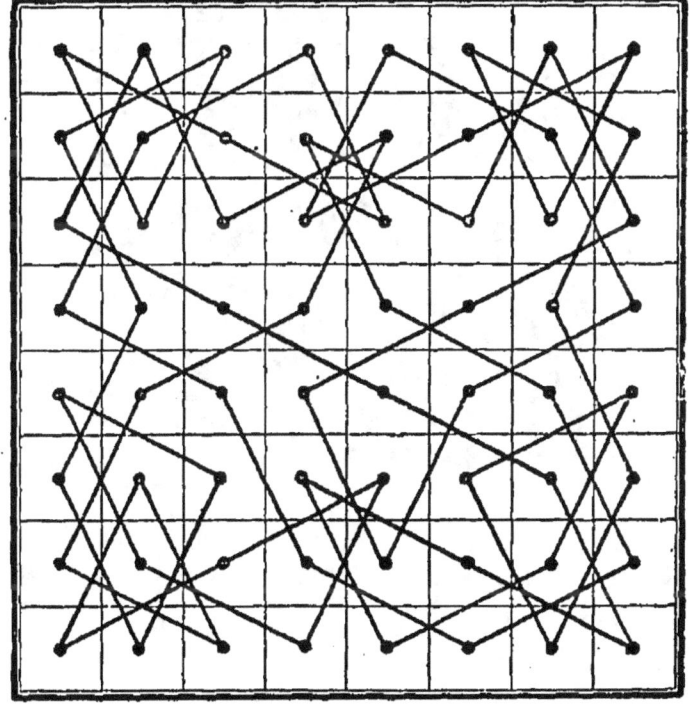

XVIII

RÉBUS

Le *Rébus* est l'expression figurée d'une pensée au moyen d'une suite d'images et de dessins, souvent entremêlés de chiffres ou de mots, qui rappellent des mots ou des syllabes, et le tout disposé de manière que l'arrangement même a son effet particulier.

EXEMPLE

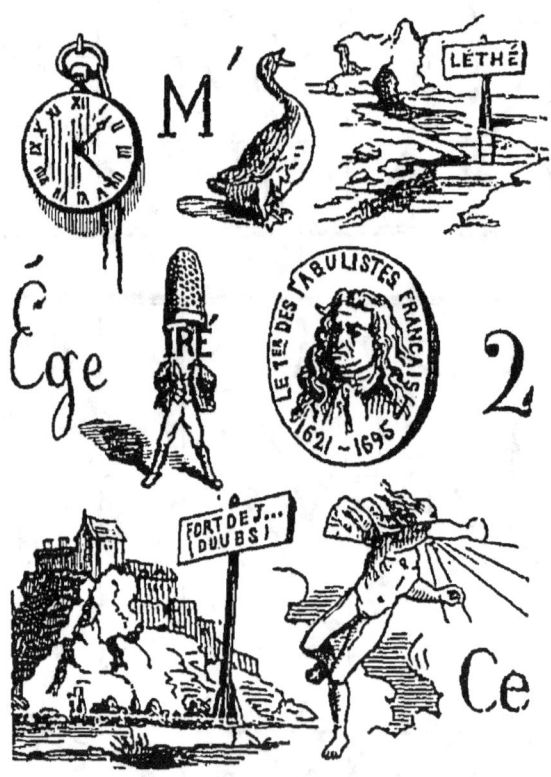

SOLUTION

Montre-moi le fleuve d'oubli, et je découvrirai la Fontaine de Jouvence.

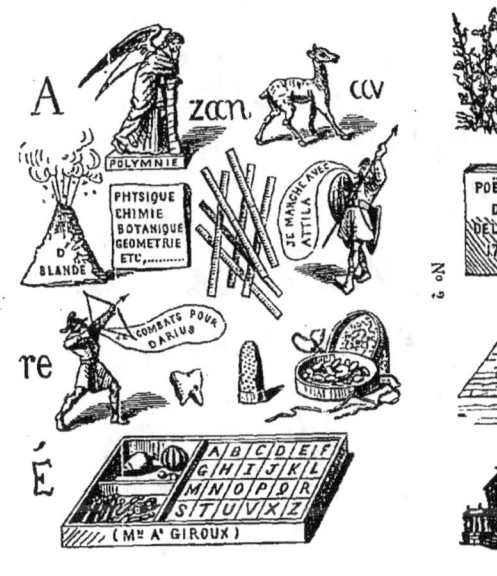

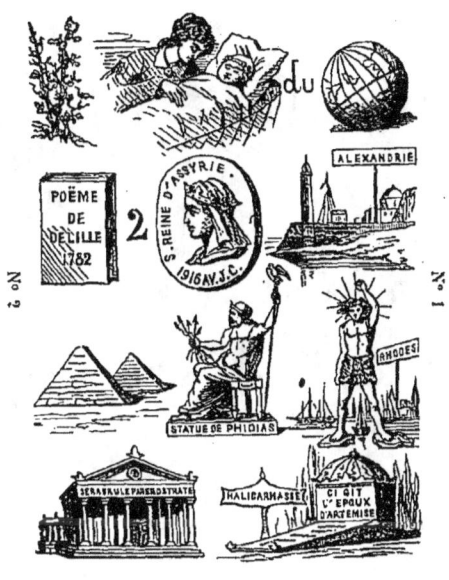

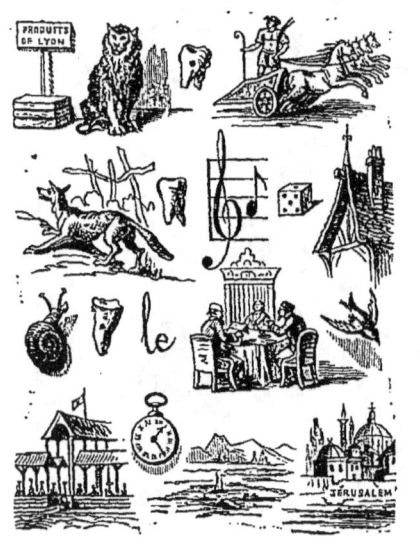

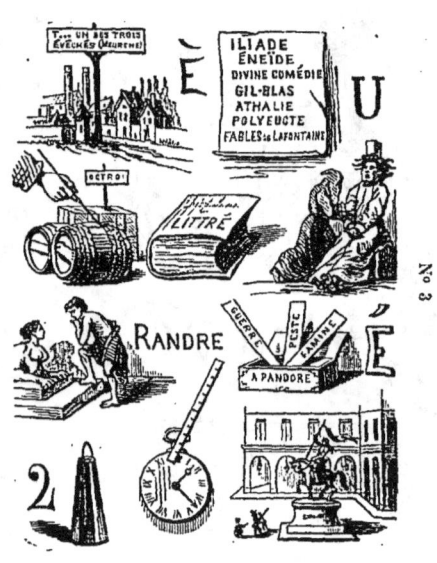

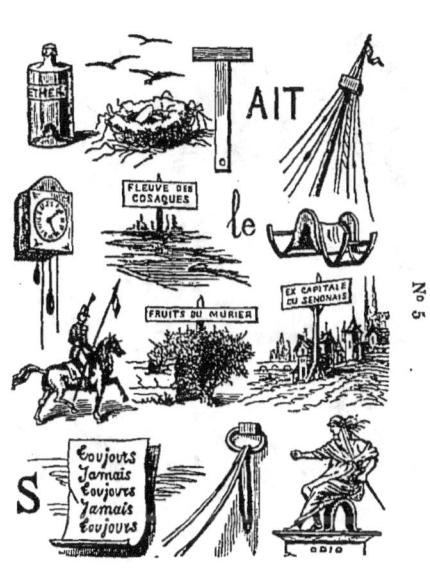

N° 5

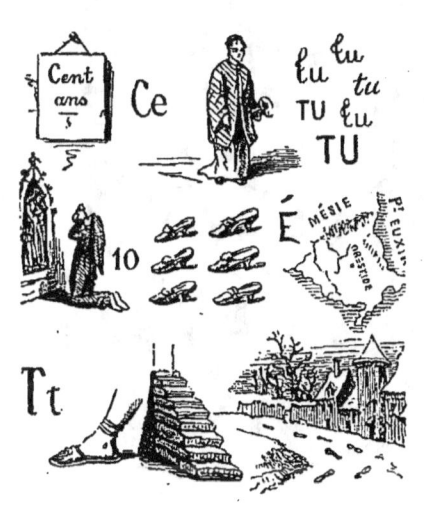

N° 6

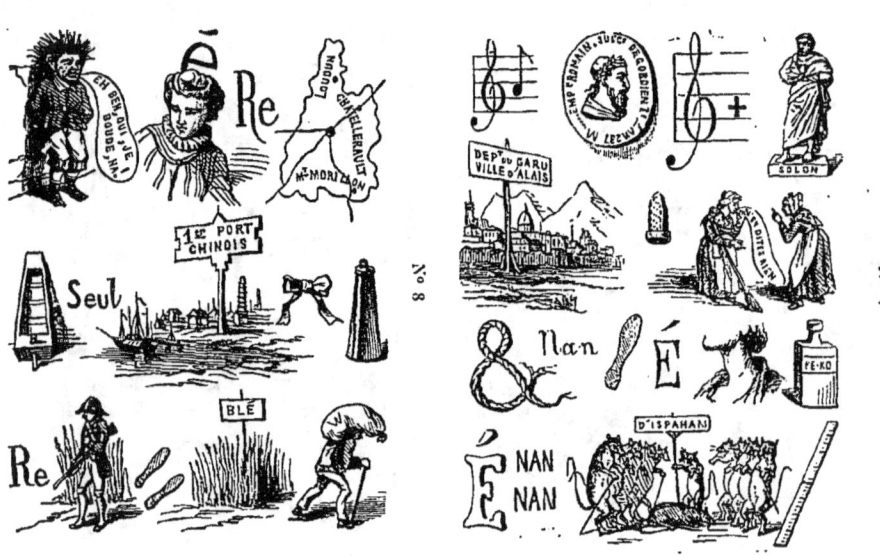

N° 8

N° 7

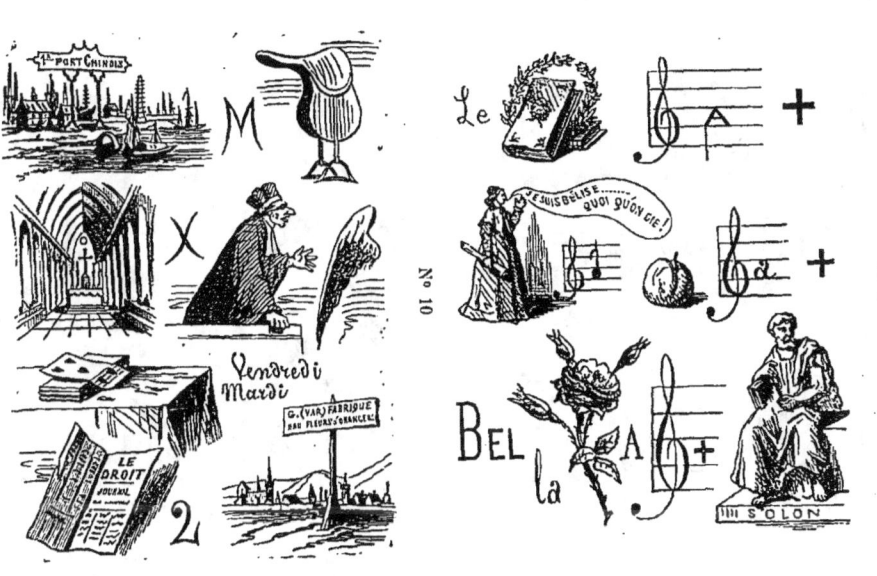

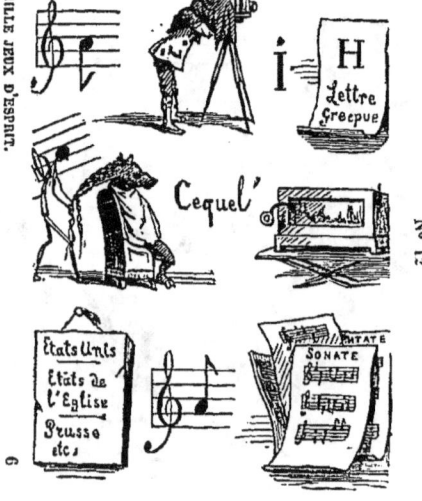

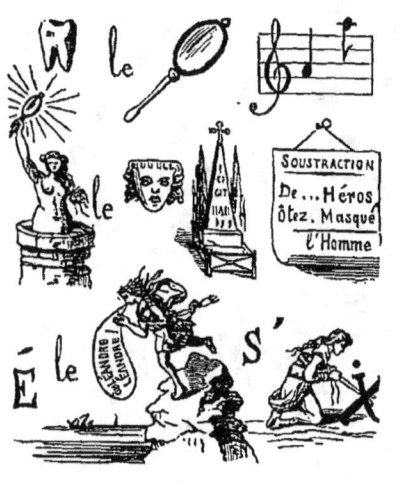

Nᵒ II

Nᵒ 12

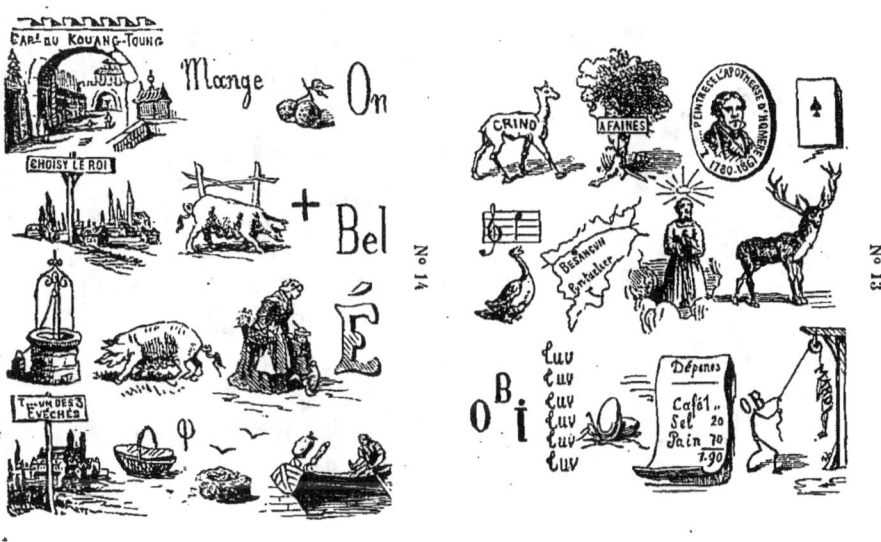

No 14

No 13

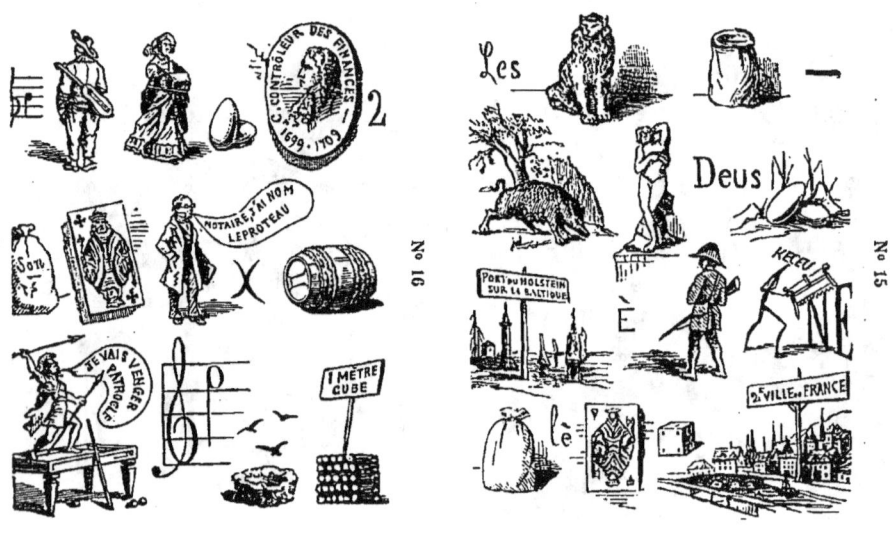

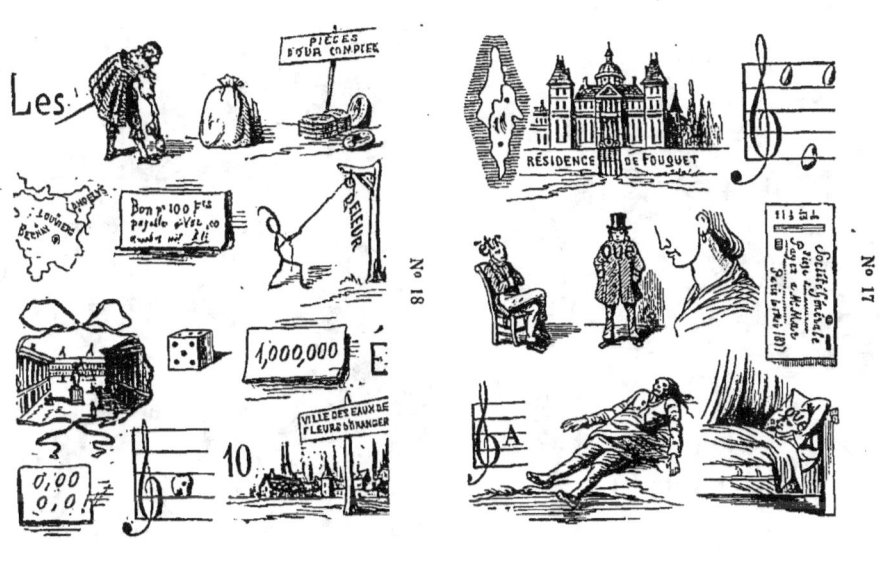

No 17

No 18

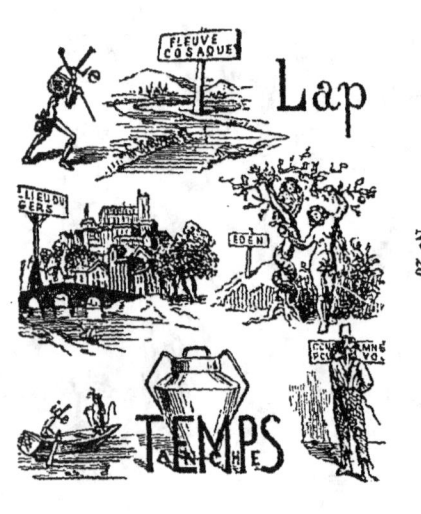

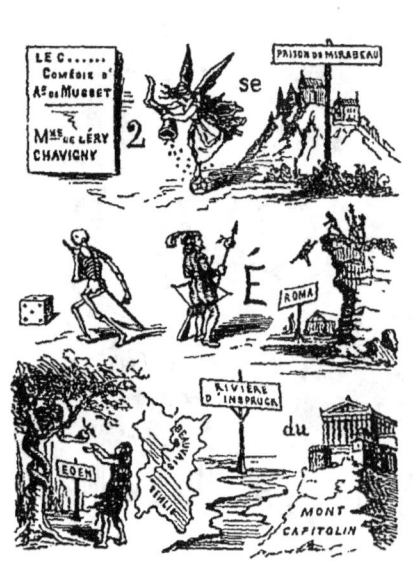

N° 22

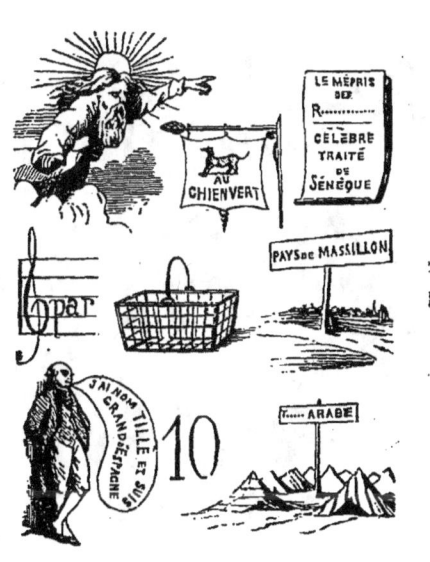

N° 21

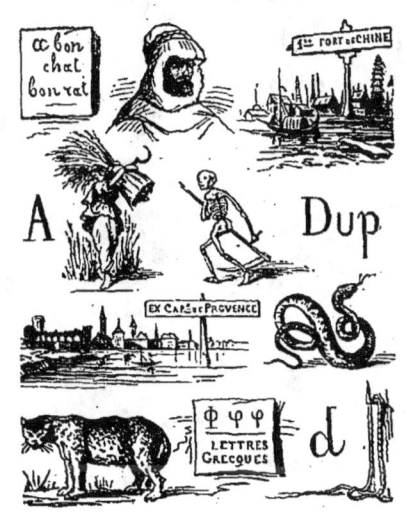

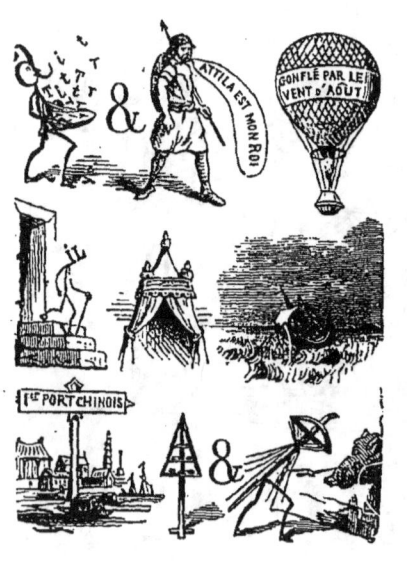

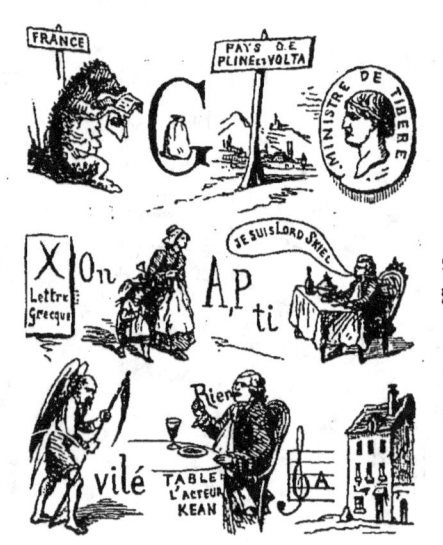

No 21

No 23

87

RÉBUS GRAPHIQUES

QUESTIONS

N° 1

$$\text{L'oisiveté} \quad \frac{\text{VENT}}{N \quad \text{nous} \quad N} \quad \text{o mal}$$

N° 2

	Lance	OR ★ OR ★ OR
	Lance	OR
	Lance	OR ★ OR
LE	Lance	OR
	Lance	OR ★ OR ★ OR
	Lance	

N° 3

L	L	L
L L	L L	L L
L L L	L L L	L L L

L	L	L
L L	L L	L L
L L L	L L L	L L L

N° 4

Mensonge   Gourmandise

Médisance   Envie

L'INGRATITUDE

Paresse   Orgueil

N° 5

LUNDI   JEUDI

M A R D I   VENDREDI

MERCREDI   *SAMEDI*

DIMANCHE

N° 6

AR   RIL

$$\frac{UR}{TOUT}$$

Nº 7

QUI

Frotte	PIQUE
Frotte	PIQUE
Frotte	PIQUE
Frotte	PIQUE
Frotte	PIQUE
Frotte	PIQUE

Nº 8

SI	PIRE
VENT	VENT
J'AI	DONT

Nº 9

pluie	VENT

Nº 10

ÉPITAPHE D'UN GOURMAND

Gravée en notes de musique

LA - SOL - LA - MI - LA

Nº 1

ÉPITAPHE D'UNE BATELIÈRE

$$\frac{L \qquad U}{0}$$

Nº 12

E   1000   1
Janvier. Février. Mars. Avril. Mai.
Juin. Juillet. Août. Septembre. Octobre.
TU TU TU TU TU TU
F H E L N

N° 13

```
toi toi toi                          ra ra ra ra ra
toi toi toi                          ra ra ra ra ra
toi                                       ra
toi                                       ra
toi toi toi          LE LI.LLLL          ra
toi toi toi                               ra
toi                                       ra
toi                                       ra
toi toi toi                              ra
toi toi toi                           ra ra ra
```

N° 14

XIX

ÉNIGMES

Les Grecs composaient beaucoup d'énigmes et de *griphes* de toute espèce. Tel était le plus innocent amusement de l'antiquité. Le mot *griphe,* en grec, signifie *filet.* Pendant les repas, les Grecs s'amusaient à proposer ces sortes de problèmes, dont la solution tenait les convives comme dans un rets embarrassant. La plupart de ces *griphes* étaient tout simplement ce que nous appelons des Énigmes, telles, par exemple, que ces deux-ci :

N° 1

« Je suis très grande à ma naissance ; je ne le suis pas moins dans ma vieillesse ; je suis très petite dans la vigueur de l'âge. »

Réponse. — *L'Ombre.*

N° 2

« Nous sommes deux sœurs qui ne cessons de nous engendrer l'une l'autre. »

Réponse. — *La Lumière et la Nuit.*

Les rois d'Égypte et de Babylone faisaient un échange continuel d'énigmes semblables.

Salomon et son voisin Hiram, roi de Tyr, s'en adres-
saient de fort curieuses par estafettes, dans la solution
desquelles le premier eut toujours l'avantage, jusqu'à ce
qu'Hiram se fit aider par un de ses sujets, esprit habile et
pénétrant, et parvint ainsi à assurer sa supériorité.

L'*Énigme* n'est, à proprement parler, que la définition
d'un objet, assez claire pour être juste, assez obscure pour
exiger quelque sagacité de la part de celui qui la cherche.
Elle a pour but d'exciter la finesse de l'esprit, et pour
agrément de lui offrir l'attrait attaché à toute découverte
d'un problème.

Les Romains s'occupaient peu de ces jeux d'esprit, qui
eussent été cependant plus convenables que leurs jeux
sanglants. Ce n'était guère que dans leurs voyages en
Grèce que les goûts légers des Athéniens les gagnaient
parfois et leur déridaient le front.

Fénelon, dans *Télémaque*, nous montre des prix adjugés
pour des Énigmes trouvées.

L'Énigme qui paraît la plus ancienne est celle que le
Sphinx proposa à Œdipe, et elle est si connue qu'il est
inutile de la citer.

Le dix-huitième siècle habilla les énigmes avec plus
d'art, de finesse et de goût. On les soumit, comme toutes
les autres œuvres de la pensée humaine, à des lois et à
des règles étroites, et, depuis, ce jeu d'esprit est devenu
un exercice qui augmente la vivacité et la sagacité de
l'esprit.

Les *Anagrammes* de la Renaissance et les *Énigmes* du
dix-huitième siècle sont les modèles du genre.

QUESTIONS

N° 1

... On en fait à la ville ainsi qu'à la campagne;
On en fait en dormant, on en fait éveillé,
Le pauvre paysan, sur sa bêche appuyé,
Peut se croire un moment seigneur de son village;
Le vieillard, oublier les glaces de son âge;
Un commis est ministre; un jeune abbé, prélat;
Le prélat... il n'est point jusqu'au simple soldat
Qui ne se soit un jour cru maréchal de France;
Et le pauvre lui-même est riche en espérance,
Et chacun redevient Gros-Jean comme devant.
Eh bien! chacun du moins fut heureux en rêvant!
C'est quelque chose encor que de faire un beau rêve;
A nos chagrins réels c'est une utile trêve;
Nous en avons besoin; nous sommes assiégés
De maux, dont à la fin nous sommes surchargés,
Sans ce délire heureux qui se glisse en nos veines,
Flatteuse illusion, doux oubli de nos peines,
Oh! qui pourrait compter les heureux que tu fais!
L'espoir et le sommeil sont de moindres bienfaits;
Délicieuse erreur, tu nous donnes d'avance
Le bonheur que promet seulement l'espérance.
Le doux sommeil ne fait que suspendre nos maux,
Et tu mets à la place un plaisir. En deux mots,
Quand je songe, je suis le plus heureux des hommes,
Et dès que nous croyons être heureux, nous le sommes.

N° 2

Cinq voyelles, une consonne,
En français composent mon nom,
Et e porte sur ma personne
De quoi l'écrire sans crayon

N.° 3

J'ai le visage long et la mine naïve,
        Je suis sans finesse et sans art ;
Mon teint est fort uni, sa couleur assez vive,
        Et je ne mets jamais de fard.

Mon abord est civil, j'ai la bouche riante,
        Et mes yeux ont mille douceurs ;
Mais quoique je sois belle, agréable et charmante,
        Je règne sur bien peu de cœurs.

On me proteste assez, et presque tous les hommes
        Se vantent de suivre mes lois ;
Mais que j'en connais peu, dans le siècle où nous sommes,
        Dont le cœur réponde à ma voix.

Ceux qui gardent au cœur un sentiment fidèle
        Me font l'objet de tous leurs soins,
Et quoique je vieillisse ils me trouvent fort belle
        Et ne m'en estiment pas moins.

On m'accuse souvent d'aimer trop à paraître
        Où l'on voit la prospérité ;
Cependant il est vrai qu'on ne peut me connaître
        Qu'au milieu de l'adversité.

N° 4

Comme un oiseau je suis léger,
Mes plumes valent bien des ailes
Ainsi que les cœurs infidèles,
Ainsi qu'on voit les hirondelles,
On me reçoit sans me fixer.

N° 5

Ma taille est grande et dégagée,
Légère d'autant plus que je suis plus âgée;
La ménagère m'aime, et j'ai l'honneur
De m'appuyer bien souvent sur son cœur.
Dans l'emploi que je donne au monde,
L'épée et moi ne nous accordons pas;
Je la traite de haut en bas.
Mes cheveux sont d'emprunt, longs, fins, de couleur blonde;
Une tresse, un ruban, tel qu'on le veut choisir,
Toujours les lie et les arrête,
Et bien souvent on prend plaisir
A me les arracher un à un de la tête.

N° 6

La pauvreté m'enorgueillit,
Car, dépourvu, je me redresse;
Mais quand la fortune me rit,
Opulent alors je m'abaisse.
Nos aïeux, hélas! étourdis,
Sont cause de notre misère,
Pour avoir dépouillé jadis
Mon oncle ou bien mon grand-père.

N° 7

Si je suis tout petit, pour moi, c'est la beauté·
Si je puis voir le jour, c'est à ma pauvreté
Que je le dois, grande misère;
Plus riche, on me met en prison.
Qui veut faire des vers se passe d'Apollon;
Pour moi, c'est autre chose, et je suis nécessaire,
Versifier sans moi serait bien téméraire.

MILLE JEUX D'ESPRIT. 7

Nº 8

Je suis, lecteur, une maison gentille ;
Avec plaisir l'ouvrier m'arrondit,
Légèrement sur un pivot me mit,
Si que je tourne et même je frétille.
Une commère habite le premier,
Qui de parler fait son unique affaire,
Ange ou démon, nuisible ou salutaire,
Sage parfois, souvent folle à lier.
A mon second demeure un locataire
Assez souvent par le rhume affligé,
Parfois bruyant, mais le propriétaire
Point ne voudrait lui donner son congé.
Mon troisième est une double guérite
Où deux jumeaux sont postés pour tout voir,
Et rien n'échappe à ce couple hypocrite ;
Mais il est sourd : on ne peut tout avoir.
Deux pavillons, sis à l'une et l'autre aile,
Servent d'asile à deux autres jumeaux,
Aveugles-nés qui, de leurs soupiraux,
Entendent tout ce que dit la donzelle.

Nº 9

Je n'ai pour atelier qu'une obscure prison ;
Ambassadeur du froid, j'entre dans ta maison ;
Tous les ans j'y reviens quand s'en va l'hirondelle ;
Le printemps qui l'attire est ma morte-saison ;
Je chante sur les toits et je suis noir comme elle.

Nº 10

Tout paraît renversé chez moi,
Le laquais précède le maître,
Le manant vient avant le roi,
Le simple clerc avant le prêtre ;
Le printemps vient après l'été,
Noël avant la Trinité,
C'en est assez pour me connaître.

Nº 11

Je suis niais et fin, honnête et malhonnête;
Moins sincère à la cour qu'en un simple taudis;
Je fais, d'un air plaisant, trembler les plus hardis;
Pour m'avoir en partage il faut n'être pas bête.

A personne, sans moi, l'on ne fait jamais fête;
J'embellis quelquefois, quelquefois j'enlaidis;
Je dédaigne tantôt et tantôt j'applaudis;
Le fou me laisse aller et le sage m'arrête.

Plus mon trône est petit, plus il a de beauté;
Je l'agrandis pourtant d'un et d'autre côté,
Faisant voir bien souvent des défauts dont on glose.

Je quitte mon éclat quand je suis sans témoins,
Et je me puis enfin vanter d'être la chose
Qui contente le plus et qui coûte le moins.

Nº 12

Je suis une étrange donzelle,
Pétillante d'esprit sans avoir de cervelle,
Ronde de taille ou peu s'en faut,
Brune comme on l'est en Afrique,
Plus combustible qu'un fagot;
Parlant au son de la musique,
Je répands en tout lieu l'épouvante et l'effroi;
Le flambeau de la Mort luit toujours devant moi,
Lorsqu'on veut exercer ma funeste puissance,
On me met en prison sous la garde d'un chien;
Le chien pour m'affranchir m'offre son assistance,
Mais il m'anéantit en brisant mon lien.
Prisonnière toujours on me mène à la guerre;
Je naquis dans un cloître et j'ai tué mon père.

Nº 13

Je suis tout et je ne suis rien;
Je fais le mal, je fais le bien;
J'obéis toujours quand j'ordonne;
Je reçois moins que je ne donne,
En mon nom l'on me fait la loi,
Et quand je frappe, c'est sur moi.

N° 14

Je traduis les adieux quand on quitte la ville ;
En campagne aux soldats j'indique le chemin ;
Qui me perd voit soudain sa raison inutile,
Et je ruine parfois qui me tient en sa main.

N° 15

Sans que je sois estropié
Je suis sans bras, je n'ai qu'un pied ;
Mon surtout de toile est modeste ;
Trop de pluie est pour moi funeste ;
Immobile dans mon emploi,
Je donne gîte aux hirondelles ;
Aussi bien qu'elles j'ai des ailes ;
Mon maître n'en a pas et vole mieux que moi.

N° 16

Mes arrêts sont irrévocables ;
Les justes, comme les coupables,
Se jugent à mon tribunal ;
Je suis témoin, juge et partie,
Même le bourreau qui châtie
Le criminel qui fait le mal.

N° 17

Dans les airs je m'élève et domine la sphère,
Et je deviens un crime en descendant sur terre

N° 18

Lecteur, j'ignore encor quelle est mon origine,
C'est un point sur lequel on a bien contesté,
Je pense néanmoins que ma source est divine.
Je suis cruelle, affreuse, ou pleine de beauté
Commune, riche, pauvre, agréable, légère,
Sublime, quelquefois timide, téméraire ;
Je pénètre partout, sous l'abîme des mers,

Dans les antres obscurs, au milieu des déserts ;
Plus prompte que l'éclair, en moins d'une seconde,
Je vais d'un pôle à l'autre et fais le tour du monde.
Cependant, cher lecteur, je ne puis te céler
Qu'on peut me découvrir, me saisir, me voler ;
L'un me tourne en tous sens, un autre me torture,
Et pour mieux m'accuser souvent me dénature ;
Si j'ajoute un seul mot tu vas me deviner,
Je suis libre, jamais on ne peut m'enchaîner.

N° 19

Un divin oracle autrefois
A dit que ma pompe et ma gloire
Sur celle du plus grand des rois
Pourrait emporter la victoire ;
Mais si j'obtiens, selon mes vœux,
De pouvoir parer vos cheveux,
Je dois, par orgueil véritable,
Toute autre gloire abandonner ;
Car nul honneur n'est comparable
A celui de vous couronner

N° 20

u terrain vineux où je prends naissance
Je surgis fluette, à peine je cours ;
Mais bientôt prenant grandeur et puissance,
Je dompte le sol en mon long parcours ;
Je marche déployant ma veine tortueuse ;
Le long de mes circuits tout se fait beau pour moi ;
Plaines, côteaux, cités m'offrent, quand je les vois.
Ma robe verte et fastueuse ;
Je visite et traverse en passant le foyer
Qui répand les rayons que l'univers demande ;
A plus d'un pays je dois mon loyer ;
Je nais bourguignonne et m'éteins normande.

N° 21

Sous le dormeur je puis m'étendre,
Ou bien le commerçant Léandre
Me couvre de calculs nombreux ;
Mais souvent je suis malheureux ;
Il faut supporter mon servage ;
Enfin, repoussant tout ouvrage,
Remarquez bien ceci, je ronfle si je veux.

N° 22

Tandis qu'au fond des mers je dois passer ma vie,
Je brille tous les jours comme insigne d'honneur ;
Sur la table du grand parfois je suis servie ;
Je suis chez l'épicier, je suis chez le tailleur.

N° 23

Nous sommes deux frères jumeaux
Qu'une secrète antipathie
Force à demeurer dos à dos
Sans nous être vus de la vie ;
Même vertu, même défaut,
Même humeur en nous se décèle,
Quand je gèle mon frère a chaud,
Lorsque j'ai chaud mon frère gèle ;
De bas en haut, de haut en bas,
Nous alternons dans notre route,
Lorsqu'il y voit je n'y vois pas,
Quand je vois clair il n'y voit goutte ;
Quoique nous soyons bien connus
Sur la terre et même sur l'onde,
Nul mortel ne peut dans le monde
Se vanter de nous avoir vus.

N° 24

Au singulier je suis la fortune du sage,
Et des héros mon nom enflamme le courage ;
Guidé par son orgueil, très souvent l'homme altier
Pour m'avoir au pluriel me perd au singulier.

XX

CHARADES

La *Charade* consiste dans la simple division d'un mot en plusieurs parties, de manière que chaque partie soit un mot exprimant un sens complet, et on propose alors de deviner le mot entier et ses parties, en les définissant successivement. Il serait inutile d'en citer ici des exemples.

QUESTIONS

N° 1

Mon premier, dans Paris, que le public encombre,
Reçoit de tous pays des richesses sans nombre ;
Jadis chantre inspiré des Celtes, des Gaulois,
Mon second des héros célébrait les exploits ;
Il eut aussi son rang dans les clans de l'Écosse ;
    Mon entier ne vaut pas la crosse,
Mais, grâce à lui, du pauvre on reconnaît les droits.

N° 2

    Cher lecteur, mon entier,
    Enfant de mon premier,
    Souvent fait mon dernier.

N° 3

Mon premier plaît aux rois comme aux bergers ;
Mon second vient des climats étrangers ;
Pour achever de me faire connaître,
On voit mon tout, madame, en vous voyant paraître.

N° 4

    On mange mon premier,
    Ainsi que mon dernier,
    Et l'on habite mon entier.

N° 5

L'homme jamais ne devrait oublier
Que les biens d'ici-bas sont fondés sur le sable ;
Ce qui fait son bonheur est toujours périssable,
Car toute chose un jour doit prendre mon premier.
     Non loin des plus humbles chaumières,
        Apparaît mon second,
        Dont le sol infécond
Se couvre de genêts, de thym et de bruyères.
Sous un ciel où l'hiver pèse durant neuf mois,
Mon tout offre un pays de marais et de bois ;
L'automne et le printemps, sur cette âpre nature,
Ne se couronnent point d'une riche parure,
Et le soleil ne jette à ces tristes climats
Que de ternes rayons sur d'éternels frimas.

N° 6

Mon premier sert d'amorce au poisson trop avide ;
Dans ses Psaumes David a chanté mon dernier ;
Au collège on apprend à faire mon entier
Dans la langue d'Homère ou dans celle d'Ovide.

N° 7

Mon premier dans vos jeux sert à vous divertir ;
Mon second à monter sert ainsi qu'à descendre ;
Et mon tout, chez les grands, qu'on veut toujours surprendre,
Fait aller l'intrigant, qui n'y fait que mentir.

N° 8

Perrette m'a cassé dans sa course étourdie ;
En voyage on me cherche après un bon repas ;
Mon peuple par l'opium à la tête engourdie ;
L'hirondelle sans moi ne nous reviendrait pas ;
Bossu, laid, mal bâti, les jambes en compas,
Je sais pour les enfants jouer la comédie.

N° 9

Monsieur de Buffon l'assure,
L'homme est roi des animaux,
Sans doute en raison des maux
Que l'espèce humaine endure.

Quoi qu'il en soit, la nature
Lui donne, pour ses travaux,
Mon premier en deux jumeaux,
Qui lui servent tant qu'il dure.

Mon dernier, preux cuirassé,
Coiffé d'un casque aux yeux mornes,
Jadis vengeait l'offensé.

Mon entier, toujours pressé,
S'agite entre ses deux bornes.
L'avenir et le passé.

N° 10

On va sur mon premier pour vider sa querelle ;
Mon second de ton âme est le miroir fidèle ;
Et mon tout, plaidoyer d'un imprudent auteur,
Ne fait le plus souvent qu'ennuyer le lecteur.

N° 11

Pas de gâteau ni de galette,
    Sans mon premier ;
Pas de chœur ni de chansonnette,
    Sans mon dernier ;
Sous terre on trouve la logette
    De mon entier.

N° 12

Foyer prestigieux de bien des passions,
Mon premier en éveil tient mille ambitions ;
Mon second est, lecteur, une modeste plante
Qu'Esculape autrefois plaça dans son herbier ;
Et mon tout est, — tâchons de le qualifier, —
Un mouvement dorsal, utile à qui fréquente
Les chemins qui souvent mènent à mon premier.

N° 13

Ce n'est pas tout, lecteur, de monter au pinacle,
De porter ou l'épée, ou la toge, ou la croix,
D'être le favori, le ministre ou l'oracle
        Des peuples et des rois.

Il faut, si ton premier affirme la noblesse,
Que porté vers le bien par un heureux penchant,
Ton dernier soit toujours l'espoir de la détresse
        Ej l'effroi du méchant.

Il faut, comme Titus, bien remplir la journée,
Être bon, tolérant, généreux, et surtout
Accomplir un devoir, une tâche donnée,
        Sans attendre mon tout.

N° 14

Dans la main d'Apollon je suis en argent pur ;
La date de ma mort précède ma naissance ;
Je porte l'univers dans ma robe d'azur ;
Avec Dieu j'ai signé ton pacte d'alliance.

N° 15

        Mon premier est un instrument
                A vent ;
        Mon second n'offre pas d'un sage
                L'image ;
        On voit entouré d'eau partout
                Mon tout.

N° 16

Femme ne peut mentir quand elle est mon premier ;
Un marquisat vaut mieux, dit-on, que mon dernier ;
Mon tout, que je chéris et que Madrid regrette,
D'un monarque français fut deux fois la conquête.

XXI

LOGOGRIPHES

Le *Logogriphe* est une énigme qui donne à deviner, non une chose, mais un mot, par son analyse, et dont. les lettres, diversement combinées, forment d'autres mots qu'il faut également trouver.

Les Romains aimaient beaucoup ce jeu; il est vrai que leur langage s'y prêtait merveilleusement.

Si quid dat pars prima mei, pars altera rodit.

« Si ma tête aime à donner, ma queue ronge. »

Le mot est *Domus* : *do*, je donne, *mus*, rat.

Un poète latin terminait ainsi une lettre qu'il adressait à un de ses amis :

Mitto tibi navem prorâ puppique carentem.

« Je t'envoie un navire sans poupe ni proue. »

En retranchant le commencement et la fin du mot *na-vem*, il reste le mot *ave*, salut.

De grands savants ont fait souvent eux-mêmes des Logogriphes.

La Condamine, homme très versé dans les sciences, avoue qu'il a souvent passé des nuits laborieuses sur des Logogriphes et des Énigmes.

Le Père Porée, de la Compagnie de Jésus, fait remarquer qu'un mot de sept lettres peut contenir cinq mille combinaisons. Il faisait aussi des Logogriphes ; il choisissait heureusement ses mots et les rendait piquants par leurs contrastes. Les combinaisons étaient indiquées exactement, ce qui ne laisse pas d'avoir sa difficulté, et chaque combinaison paraissait une nouvelle énigme. Il est l'auteur du fameux Logogriphe latin : *Muscipula*, dans lequel on trouve : *Mus, Musca, Mula, Lupa*, etc., habile homme qui faisait ainsi d'une souricière l'Arche de Noé.

QUESTIONS

N° 1

Jeune ou vieux, m'a-t-on dit, c'est agir prudemment
　　Que de songer à faire un testament.
Rien n'est sûr ici-bas et tout change à toute heure;
Plusieurs de nos pareils sont morts subitement;
Je n'en suis pas exempt. Or, avant que je meure,
Voulant régler le sort de mes propriétés,
　　　　Je dicte ainsi mes volontés :
　　D'abord je lègue à mon apothicaire
Quatre de mes dix pieds, autant à mon notaire;
J'en abandonne deux ou bien trois aux joueurs;
Item, trois aux filous; *item*, trois aux plaideurs;
Item, cinq aux soldats; *item*, quatre aux chasseurs;
　　J'en offre quatre à la vieille Isabelle;
　　J'en jette deux à mon *custos* fidèle;
　　J'en laisse trois pour nourrir les ânons,
　　　　Et cinq pour les jeunes garçons,
Sous la condition qu'ils voudront bien s'y rendre,
Je leur en donne encor cinq autres pour apprendre;
On en portera cinq à mon pauvre curé, .
Qui, dans ses *oremus*, voudra bien me comprendre;
　　J'en donne trois à mon valet madré,
Ce sera le dernier qu'il voudra bien me prendre;
J'en veux réserver quatre aux mathématiciens;
J'indique aux amateurs de la géographie
Trois villes de la France; à ceux de la chimie,
Je donne quatre pieds; trois aux musiciens;
Item, j'en veux donner... Hélas! que vais-je faire?
Quoi! je n'ai que dix pieds, et chaque légataire,
Ouvrant mon testament aussitôt mon trépas,
M'en pourra trouver cent... Ma volonté dernière
Entre mes héritiers causera des débats;
S'ils suivent mes avis, ils ne plaideront pas.

Nº 2

Sur cinq pieds je suis île, île encore avec quatre,
Toujours île avec trois, et si tu veux abattre
Quelques pieds de mes noms pour en trouver la clef
Rogne toujours la queue et respecte le chef ;
Enfin, sur mes trois pieds, et sur cinq, et sur quatre,
L'Atlantique toujours de ses flots vient nous battre.

Nº 3

J'ai cinq pieds, cher lecteur,
Et beaucoup de fraîcheur ;
Ma fleur est parfumée,
De tout le monde aimée ;
En mon tout petit nom
Se découvre un prénom,
Puis au bouquet de Flore
Il peut fournir encore
Une orgueilleuse fleur ;
La carte recherchée
Aux jeux de la veillée
S'y rencontre. L'auteur
Au sublime génie,
Qui nous peint d'Israël
Les mœurs, les chefs, la vie,
En parlant de Rachel,
Bien rarement m'oublie.

Nº 4

Je suis blonde et jamais je ne sors qu'à la brune,
J'ai quatre pattes ; mais comment
Compterez-vous en ce moment ?
Otez-moi la première il ne m'en reste qu'une.

Nº 5

Je suis sur mes sept pieds un légume estimé ;
    Otez-m'en un, je forme une série,
Et vous offre un accord des musiciens aimé ;
Sur quatre pieds, je suis terrible maladie,
    Le chef aimé d'une maison,
Faubourg de grande ville à côté du Bosphore ;
Sur un chemin de fer, pendant toute saison,
L'endroit où l'on descend. Que vous dirai-je encore ?
    Sur trois pieds, mesure en tout lieu,
Je suis note sur deux. Ami lecteur, adieu.

Nº 6

    De huit lettres je me compose,
    Et je forme un nom gracieux,
    Le nom d'une fillette rose
    Et d'un pays aimé des cieux.
    On trouve en moi, jeune lectrice,
    Souvent la parure de bal,
    Et la sévère protectrice
    Qui sait nous préserver du mal ;
    En moi le fleuve qui féconde,
    Le roi superbe du désert,
    Le métal trop prisé du monde,
    L'aimable ville au doux hiver ;
    Puis un instrument très sonore,
    Et du cheval l'habillement,
    Cherchez toujours, je donne encore
    Un saint, plus d'un département.
    L'un des deux produits de l'abeille,
    Du pâtre le frugal repas,
    Ce qu'au soleil la bonne vieille
    Souvent file en priant tout bas.

Nº 7

Lecteur, que j'ai de droits à ta reconnaissance,
    Avec mon cœur j'embellis ton séjour,
    Je fais bien plus, je te donne le jour,
    Et sans mon cœur, je suis rivière en France.

N° 8

Prenez un arbre, un élément,
Un des métaux, un sédiment,
Joignez-y ce que fait l'abeille ;
Mêlez ensemble tout cela,
Bientôt un diable en sortira,
Sans se faire tirer l'oreille.

N° 9

Sur mes neuf pieds je vais aux noces de village ;
Ma première moitié du diable est l'ornement,
Et, sans tête, est le nom d'un beau département
La seconde a les arts de l'esprit en partage.

N° 10

Sur mes six pieds je suis un ustensile antique :
Otez un pied je suis un état monarchique,
Où tout maçon construit sans règle ni compas

N° 11

Sur mes six pieds je suis ta mère,
A la cour, princesse de sang ;
Sur quatre pieds je suis ton père,
Et nul avant moi n'a de rang.

N° 12

Par cinq pieds on se quitte, et par quatre on m'adore.

N° 13

Sur sept pieds, je suis une expérience;
Chef à bas, j'apporte l'évidence.

N° 14

Je reviens tous les ans remplacer mes trois frères;
Si vous m'ôtez le cœur je ne reviendrai plus.

N° 15

Sur mes quatre pieds je suis pierre,
Et, sans ma tête, une prière.

N° 16

Autant, avec mon chef, je sais vous étourdir,
Autant, privé de chef, je sais vous éblouir.

N° 17

Je puis orner la tête
Quand je garde ma tête,
Et je sors de la tête
Quand je n'ai plus de tête.

N° 18

Je suis un grand savant, mais un triste docteur,
Puisque me consulter, c'est m'arracher le cœur.

XXII

MÉTAGRAMMES .

Le *Métagramme* se compose d'une série de mots formés des mêmes lettres, dont la première change à chaque mot.

QUESTIONS

N° 1

Passant trop près de mon premier,
Vous avez taché mon deuxième;
Comment ce malheur réparer?
En recourant à mon troisième.

N° 2

Sans moi, lecteur, ne mets pas la cuirasse
Change mon chef, et je vais à la chasse.

N° 3

Charbonnier, dit-on, est maître chez soi;
De mes six pieds ce proverbe est l'image
Changeant mon chef on doit faire sa loi
De mon second, seule règle du sage;
Le transformant une dernière fois,
D'après le temps on divise les mois.

N° 4

En changeant six fois la première
Des lettres de mon nom, bien simple est le mystère:
On trouve ce qui sert de refuge aux marins,
La croyance du fataliste,
Le synonyme de Samson,
Et ce qui fut toujours contraire à la raison,
Le verbe du repos, enfin un mot bien triste,
Qui soumet à sa loi peuples et souverains

MILLE JEUX D'ESPRIT. ·

8

N° 5

Je revêts un doux animal;
Changez ma tête, et pour le mal
Je ressens un penchant fatal ;
Changez encore et je recouvre
Une arme, un outil, des bijoux;
Changez toujours et ma peau s'ouvre,
Donnant un fruit ni bon ni doux;
Changez encore et j'ai la gloire
De nommer un pays fort beau,
Plus une rivière, un cours d'eau,
Qui va se jeter dans la Loire.

N° 6

De cinq lettres changez la première cinq fois,
Et ma conjonction devient à votre choix,
        Un dessert de Normandie,
        Un fleuve de Picardie,
        Un produit du Sénégal,
Enfin, selon Boileau, le plus sot animal.

XXIII

MOTS DÉCOMPOSÉS ET RECOMPOSÉS

Les Mots décomposés et les *Mots recomposés* sont des variétés des Logogriphes.

Mot Décomposé

QUESTION

En me décomposant, de moi l'on peut extraire :
Festin, amis, témoins, mariage, notaire ;
Amiens, Niort, Angers, Reims, Mantes, Saint-Omer ;
Naître, agiter, gémir, oser, sentir, aimer ;
Ton, notes, ré, mi, fa, son, air, gosier, ramage ;
Aisne, Saône, Tamise, Oise, Marne, Mein, Tage ;
Songe, mânes, fantôme, antre, monstre, géant ;
Mine, or, argent, étain, agate, fer, aimant ;
Anatomie, organe, os, nerfs, sang, rate, foie ;
Geai, tarin, agami, serin, taon, faisan, oie ;
Ogre, tigre, magot, âne, faon, singe, rat ;
Rétif, maigre, fort, sage, ignare, sot, ingrat ;
Iman, émir, aga, roi, trône, sénat, mitre ;
Estragon, tamarin, anis, safran et nitre.

Mot recomposé

QUESTION

Trouver douze villes de deux syllabes dans les vingt-quatre syllabes suivantes :

TOUR. — RHO. — TES. — TRES. — TIERS. — CE. — LAC. — NON. — NON. — VAL. — LOU. — RE. — POI. — CAS. — GAIL. — NI. — SEN. — DEZ. — NAN. — LIS. — THO. — HANS. — LA. — LU.

XXIV

CROIX

La *Croix* se compose de lettres mêlées, qu'il faut combiner de manière à former deux noms ou deux mots en croix, ayant une lettre centrale commune.

EXEMPLE

Le nom d'un souverain, cinq lettres, et celui de sa mère, neuf lettres, la troisième étant commune aux deux noms.

SOLUTION

```
            R                           A
            I                           G
    E P I P E           N E R O N
            G                           I
            O                           P
            N                           P
            N                           I
            N                           N
            A                           E
```

QUESTIONS

```
        T                 E                 L
        S                 R                 H
I I R A E       S U U U S       A A J O E
        M                 R                 C
        H                 M                 R
        C                 O                 B
                          L
```

XXV

ACROSTICHES

Les *Acrostiches* se composent de mots placés les uns au-dessous des autres, dont les lettres initiales et les lettres finales, remplacées par des étoiles, forment des mots.

Si, au contraire, les initiales et les finales sont données, il faut découvrir les lettres du corps des mots remplacées par des étoiles.

EXEMPLE

V	* * * *	T		*	ERNE	*
E	* * * *	I		*	TABL	*
R	* * * *	N		*	AISI	*
O	* * * *	T		*	RIEN	*
N	* * * *	O		*	ECHA	*
E	* * * *	R		*	STHE	*
S	* * * *	E		*	ARTH	*
E	* * * *	T		*	SCAU	*

SOLUTION

V	ERNE	T
E	TABL	I
R	AISI	N
O	RIEN	T
N	ECHA	O
E	STHE	R
S	ARTH	E
E	SCAU	T

Véronèse. — Tintoret.

QUESTION

		A	* * * * *	M
1° — Patriarche.		A	* * * * *	M
2° — Fleuve.		N	* * * * *	A
3° — Roi de Soissons.		G	* * * * *	N
4° — Dans les Bouches-		L	* * * * *	C
5° — Amiral. [du-Rhône.		E	* * * * *	H
6° — Ville.		T	* * * * *	E
7° — Famille historique.		E	* * * * *	S
8° — Écrivain.		R	* * * * *	T
9° — Prénom féminin.		R	* * * * *	E
10° — Grand-prêtre.		E	* * * * *	R

XXVI

MOTS CARRÉS

Ces Problèmes sont trop connus, pour qu'il soit nécessaire de les définir et de les expliquer.

L'exemple le plus parfait, le modèle unique, nous vient des anciens. C'est une phrase latine de cinq mots formant un sens :

SATOR AREPO TENET OPERA ROTAS

Le laboureur Arépon conduit avec soin la charrue.

On remarquera d'abord que la phrase se lit en commençant indifféremment par la première ou la dernière lettre.

Disposée en carré, elle se lit dans les quatre combinaisons :

SATOR

S	A	T	O	R
A	R	E	P	O
T	E	N	E	T
O	P	E	R	A
R	O	T	A	S

SATOR

Les plus grands écrivains du dix-huitième siècle n'ont pas dédaigné de s'appliquer à ces jeux et à ces combinaisons, dont ils ont laissé des modèles achevés. Les Grecs et les Romains ont montré, dans ceux qui nous sont parvenus, des chefs-d'œuvre d'ingéniosité et de difficulté vaincue.

MOT CARRÉ DE SEPT LETTRES

Voici un exemple de *Mot carré de Sept lettres*, le seul que nous connaissions :

R	E	N	E	G	A	T
E	T	A	L	A	G	E
N	A	V	I	R	E	S
E	L	I	D	A	N	T
G	A	R	A	N	C	E
A	G	E	N	C	E	R
T	E	S	T	E	R	A

QUESTIONS

Nº 1

Entraîné par l'effort de deux coursiers fameux,
Mon premier dans l'arène attire tous les yeux ;
Pour aller retrouver mon second au rivage
Léandre traversa l'Hellespont à la nage ;
Mon troisième est un mot dans la langue usité,
Qui se dit d'un travail plein de difficulté ;
Veux-tu savoir, lecteur, mon dernier ? C'est probable,
Sache qu'à mon premier il est indispensable.

Nº 2

1º — Empereur romain.
2º — Fabuliste.
3º — Prénom masculin.
4º — Théâtre de musique.
5º — Ville de France.

Nº 3

On me boit quand je viens droit de la Forêt-Noire ;
Par des Jeux illustrée on me voit dans l'histoire ;
Chez le peuple Gallois je suis ville et comté ;
En Hellade j'étais cap dans l'antiquité ;
Je suis le nom commun de certaine éminence
Issu de Jupiter, je chéris l'Éloquence.

Nº 4

Mon premier est vraiment le roi des gobe-mouches ;
Mon dernier fait crier les créanciers farouches ;
Par mon deuxième ouvert on entrait aux enfers ;
Mon quatrième a fait de la prose et des vers ;
Mon troisième est un verbe, il fait souvent maudire ;
Mon cinq est numéral, et c'est assez en dire

N° 5

Plaisir des rois ;
Fruit des tournois ;
Nerf de la guerre ;
Ville étrangère ;
L'avant-dernier
Vaut un poëme ;
Et mon dernier
Serait lui-même
Au rang premier.

N° 6

Jadis, pour gouverner son peuple très altier,
Un roi sage daignait consulter mon premier ;
Pour parler d'Henri quatre on se sert du deuxième ;
Un verbe ayant trois E formera mon troisième ;
Un terrain se trouvant mon cinquième a besoin
Qu'on cherche à l'aplanir avec le plus grand soin ;
Mon quatrième est produit par la guerre,
Par le feu, par le tonnerre ;
Enfin, si mon dernier est pris à contre-sens,
Il apporte l'émoi chez la plupart des gens.

Mots carrés syllabiques

Nº 1

Mon second, faisant sa toilette,
Souvent se sert de mon premier,
Et puis repasse mon dernier
Sur sa tête.

Nº 2

Ce fut par mon second qu'égaré mon premier
Conçut un grand massacre, et pour avoir lui-même
Conduit des assassins le troupeau meurtrier,
Il fallait qu'il ne fût certes pas mon troisième.

Nº 3

Un vrai jour de folie ; un grand conspirateur ;
L'œuvre du tonnelier ; femme utile, lecteur.

Nº 4

Quand tout espoir s'envole apparaît le premier ;
L'humeur d'une coquette est souvent le deuxième,
Que de fois en un jour on brûle le troisième ;
Et le gaz méphitique apprendra le dernier.

XXVII

TRIANGLES

QUESTIONS

Nº 1

1° — Fleur du printemps.
2° — Pour conserver la glace.
3° — Sous-préfecture de la Gironde.
4° — Synonyme d'amer.
5° — Fille de Tantale.
6° — Au loin, en grec.
7° — Colère.
8° — Négation.
9° — Voyelle.

Nº 2

Si tu veux mon premier, cherche-le dans campagne ;
Dans la musique écrite on trouve mon second ;
Le passage restreint séparant deux montagnes
Vous donnera le trois ; et le quatre répond
Au but où, tôt ou tard, tend mainte demoiselle ;
Sur la femme parée on pourrait, c'est certain,
Rencontrer mon cinquième ; et parfois la plus belle
S'orne pour plaire aux yeux, de l'œuvre de la main
De celui qui, lecteur, s'appelle mon sixième ;
Mon septième et dernier fut le grand écrivain,
Qui vécut dans le temps de Louis quatorzième.

N° 3

1° — Supplice de l'enfant.
2° — Grand capitaine.
3° — Adjectif verbal.
4° — Ville d'Amérique.
5° — Age de la lune.
6° — Personnage de la mythologie.
7° — Avec les Lettres et les Sciences.
8° — Mot latin, après la messe.
9° — Note de musique.
10° — Voyelle.

Triangles Syllabiques

QUESTION

Chaque année on me fête en vidant plus d'un verre ;
Un très violent poison qui vite nous enterre ;
Ce que souvent l'ivrogne éprouve en cheminant ;
Sa tête ne l'est point, rien là de surprenant ;
Une syllabe enfin qui termine la terre.

XXVIII

LOSANGES

QUESTIONS

N° 1

Neuf mots, lecteur, composent ce losange ;
— Une lettre d'abord qu'on trouve dans docteur
    Ainsi que dans archange ;
— Ce dont souvent un fort de la halle est porteur ;
    — Un idolâtre ; — une boutade ;
— Homme ou femme frivole aimant à babiller ;
— A Marathon ce que se rendit Miltiade ;
— Le salpêtre, à coup sûr. — La saison, camarade,
    Agréable aux baigneurs. — Enfin, pour dessiller
    Tes yeux, je suis dans l'Iliade.

N° 2

Composer un *Mot en Losange* avec :

Quatorze	E		Deux	A
Trois	T		Un	G
Deux	L		Un	V
Deux	R			

Losanges Syllabiques

QUESTION

1° — Syllabe.   4° — Métier.
2° — Ville de l'Inde.   5° — Vieux mot français.
3° — Contrée d'Asie.

XXIX

PARALLÉLOGRAMMES

QUESTION

HORIZONTALEMENT

1° — Nourriture des animaux.
2° — Déesse.
3° — Plante oléagineuse.
4° — Etre fabuleux.
5° — Ce que nous sommes tous

VERTICALEMENT

1° — Contraire de la guerre.
2° — Adjectif.
3° — Mot anglais.
4° — Docteur de l'Église.
5° — Ville ou Duché.
6° — Héros de comédie.
7° — Volume.
8° — Adjectif.
9° — Note de musique.
10° —. Lettre de l'alphabet.

XXX

ÉTOILES

QUESTION

Quatre personnages de la Bible.	Quatre noms de la Mythologie.

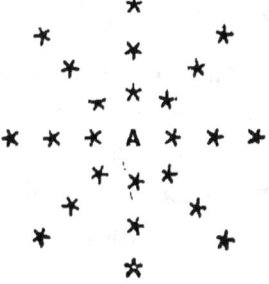

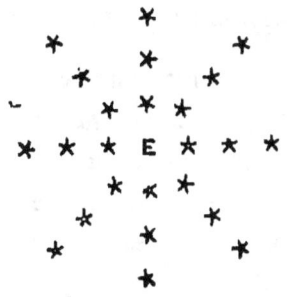

———

XXXI

CHARADES EN ACTION

Les *Charades en action* sont de véritables petites comédies qui, selon le mot choisi, peuvent se jouer dans un salon, un parc, un jardin.

Le cadre de cet ouvrage ne nous permet pas de consacrer ici une étude spéciale à cette récréation, en ce qui concerne les costumes, les décors, les accessoires, la mise en scène, la distribution des rôles, les répétitions, la représentation, l'orchestre, le souffleur, etc., etc.

Nous nous bornerons donc à donner un exemple et un scénario de *Charade en action* qui peut être jouée, soit à la ville, soit à la campagne. Sur ce canevas, les acteurs broderont un dialogue, écrit ou improvisé. L'imagination, l'esprit, l'entrain, la bonne humeur, ne leur feront pas défaut.

Chaque scène présente une syllabe ou un mot à deviner que l'ensemble réunit.

Le mot qui nous sert de thème est *Éclaireur*.

Il peut se jouer en quatre parties :

1 E. — 2 *Claire.* — 3 *Heure.*

4 Ensemble : *Éclaireur.*

Ou en trois seulement :

1 *Éclair.* — 2 *Heure.* — 3 *Éclaireur.*

Nous donnons plusieurs versions différentes.

EXEMPLE

En quatre actes

1ᵉʳ ACTE

E

1ʳᵉ VERSION. — Une leçon de lecture ou d'écriture, par une institutrice, un précepteur ou un maître d'école. On insistera sur la lettre E.

2° VERSION. — On peut jouer une scène du *Bourgeois gentil-homme*, de Molière, acte II, scène 5, dans laquelle le Professeur de philosophie explique à M. Jourdain la nature des voyelles.

Dans le dialogue, on pourra répéter la syllabe E : une interjection, *eh!* un appel, *hé!* une conjonction, *et*, une interrogation, *Eh?* etc.

2ᵉ ACTE

CLAIRE

1ʳᵉ VERSION. — Une des actrices prendra ce nom. Ses compagnes l'appellent : *Claire! Claire!*

La scène se passe le 12 août, *Sainte Claire*. Quel cadeau va-t-on lui faire? Quelle surprise l'attend?

2° VERSION. — CLAIR. — La leçon de piano :

Au *clair* de la lune,
Mon ami Pierrot,
Prête-moi ta plume
Pour écrire un mot.

3ᵉ Version. — CLERC. — Un des acteurs entre en scène avec une feuille de papier timbré. Il vient signifier un acte, aux termes duquel la représentation ne peut continuer. On demande pourquoi? Réponses diverses. Le clerc dresse procès-verbal : L'an mil huit cent soixante-quinze, le..., moi, *clerc* de Mᵉ Loyal, etc.

Dans le dialogue, on pourra répéter le mot : *Claire,* allons-nous-en. — Quel beau *clair* de lune. — On ne voit plus *clair.* — Que nous veut ce *clerc?* — Ses explications ne sont pas *claires,* etc.

3ᵉ ACTE

HEURE

1ʳᵉ Version. — On part pour la campagne, aux bains de mer, en voyage.

— Ne manquons pas le train.
— L'express part à cinq *heures* quarante.
— Il est quatre *heures* vingt.
— Vous avancez.
— J'ai l'*heure* de la Bourse.
— Moi, j'ai l'*heure* du chemin de fer.

2ᵉ Version. — Une affaire d'honneur à la suite d'une discussion, sur un sujet comique ou sérieux.
— Monsieur, vos armes?
— Deux aiguilles d'or sur champ d'azur.
— Votre *heure?* etc.

3° Version. — La leçon de géographie :

Quel est le chef-lieu du département de l'*Eure ?*

— Evreux.

— Les chefs-lieux d'arrondissement? etc.

Dans le dialogue, on pourra répéter le mot : Tout n'est qu'*heur* et malheur en ce monde. Rien ne sert de courir, il faut partir à l'*heure*.

4° ACTE

ENSEMBLE

ÉCLAIREUR

1re Version. — Un des acteurs, en costume de paysan, entre seul, marchant avec précaution ; puis il appelle toute la troupe en disant d'un ton mystérieux :

— Le chemin est libre ; suivez-moi sans parler ; je vous servirai de guide et d'*éclaireur* jusqu'au prochain village.

2° Version. — Un *éclaireur* militaire vient reconnaître les abords d'une place. Il observe l'horizon, explore les arbres de la forêt, etc.

Il est surpris et entouré par toute la troupe.

— C'est un espion !

— C'est un *éclaireur* ennemi.

— Conduisons-le au quartier-général, etc.

En trois actes

1er ACTE

ECLAIR

1re VERSION. — On entre dans la boutique d'un pâtissier. On mange des gâteaux :

— Moi une tarte aux fraises.
— Moi, un nougat.
— Moi, une bouchée à la reine.
— Moi, un *éclair*, etc.

2e VERSION. — Un orage. Le ciel est noir, de larges gouttes de pluie commencent à tomber. Tous les acteurs portent vivement la main à leurs yeux.

— Ah ! quel *éclair*.
— Encore un.
— Entendez-vous quel coup de tonnerre.
— Le tonnerre est loin. En supposant que la lumière est instantanée, et en calculant que la vitesse du son est de 333 mètres par seconde, l'intervalle qui s'écoule entre l'*éclair* et le roulement donne la distance, etc.

Dans le dialogue, on pourra répéter le mot :

Un *éclair* de génie. Les yeux qui lancent des *éclairs* de colère, etc.

2° ACTE

HEURE

Comme au *Troisième acte* précédent.

3° ACTE

ENSEMBLE

Même *Ensemble* qu'en *Quatre actes*.

QUESTION

Scénario en 3 actes

1er ACTE

Une statue de marbre, dans les jardins de Trianon. Sur le piédestal, on lit cette inscription :

> . . . .
> Il est toujours environné
> D'une troupe vive et légère;
> C'est par leur main qu'il est orné,
> C'est par leur charme qu'il sait plaire;
> Elles-mêmes l'ont couronné
> D'un diadème qu'au Parnasse
> Composa jadis Apollon,
> Du laurier du divin Maron,
> Du lierre et du myrte d'Horace
> Et des roses d'Anacréon.

2e ACTE

M. JOURDAIN. — LE MAITRE DE PHILOSOPHIE.

LE MAITRE DE PHILOSOPHIE. — Sont-ce des vers que vous lui voulez écrire?

M. JOURDAIN. — Non, non; point de vers.

— Vous ne voulez que de la prose?

— Non, je ne veux ni prose ni vers.

— Il faut bien que ce soit l'un ou l'autre.

— Pourquoi?

— Par la raison, monsieur, qu'il n'y a, pour s'exprimer, que la prose ou les vers.

— Il n'y a que la prose ou les vers?

— Non, monsieur. Tout ce qui n'est point prose est vers, et tout ce qui n'est point vers est prose.

— Et comme l'on parle, qu'est-ce que c'est donc que cela?

— De la prose.

— Quoi! quand je dis : « Nicole, apportez-moi mes pantoufles et me donnez mon bonnet de nuit, » c'est de la prose?

— Oui, monsieur.

— Par ma foi, il y a plus de quarante ans que je dis de la prose, sans que j'en susse rien, et je vous suis le plus obligé du monde de m'avoir appris cela. »

3° ACTE

LA LEÇON DE GÉOGRAPHIE

La ville est située au confluent de cinq rivières, le long desquelles elle s'est bâtie et constamment développée. Elle compte plus de 100,000 habitants; son périmètre est de cinq lieues; le nombre de ses rues est de 1640; ses revenus atteignent trois millions. C'est assurément une des plus belles villes de France. Son étendue, son fleuve, ses rivières, ses quais, ses ponts, ses quartiers neufs, ses imposantes maisons du dix-huitième siècle, son activité, son animation, son luxe, lui donnent l'apparence d'une capitale. On peut la comparer à un corps ramassé sur un petit espace, mais dont les bras s'étendent au loin par ses faubourgs, qui l'ont fait souvent comparer à une monstrueuse araignée aux pattes longues et nombreuses. Ses plus belles rues portent des noms d'écrivains célèbres. Anne de Bretagne y est née.

Quelle est cette ville?

ENSEMBLE

ARGAN. — DORINE.

ARGAN. — Dorine?

DORINE. — Monsieur?

— Qui commande ici?

— Vous, monsieur, puisque vous êtes mon maître.

— On ne le dirait guère, et vous ressemblez furieuse-
ment à cette gouvernante, qui disait le premier jour de
son arrivée : « *Les poules de monsieur le maire* », le lendemain : « *nos poules* », et le dimanche : « *mes poules* ». Vous
régentez toute la maison.

— Eh bien, monsieur, je ne régente pas les poules,
puisque vous n'en avez pas.

— Elle a réponse à tout. Je sors, donnez-moi ma canne
et mon chapeau.

— Voilà ce que c'est que de se mettre en colère, monsieur Argan.

— Faites ce que j'ordonne.

— Monsieur, cela n'est pas possible : Vous avez votre
canne dans la main et votre chapeau sur la tête.

XXXII

TABLEAUX PARLANTS

Il faut entendre par *Tableaux parlants*, soit un Dessin, soit un Sujet présenté sous diverses formes énigmatiques · Scènes historiques, Portraits, Descriptions, Emblèmes ou Allégories. Ainsi que leur nom l'indique, ces *Tableaux* parlent d'eux-mêmes à l'imagination, et roulent dans un cercle d'études accessibles.

QUESTIONS

N° 1

ATHÈNES

Le petit pays qui, au nord-est du P., s'avance en promontoire dans la mer E., flanqué à droite par la longue E., à gauche par les îles de S. et d'E., c'est l'A., le point du monde le plus justement célèbre dans l'histoire de l'esprit humain. Elle est divisée en trois bassins demi-circulaires : les plaines d'E., d'A. et de M. qui semblent fermées de tous côtés par les montagnes et la mer. Mais des routes naturelles s'ouvrent partout à travers ces montagnes, et les communications sont faciles entre les diverses parties du pays. La population d'Athènes, qui balance dans l'univers la renommée de l'empire romain, n'égalait pas celle d'un faubourg de Paris. L'A., tout entière n'a pas même la moitié de la surface de nos plus petits départements, et, sauf en quelques points, son sol pierreux donne à peine du blé et un peu d'orge. Des figuiers, des vignes, des oliviers, les abeilles de l'H., les marbres du P., les mines d'argent du L., voilà toute la richesse du pays, si vous ne comptez pas la plus féconde et la plus glorieuse de toutes, le génie des habitants.

Le créateur de la Comédie grecque, E., disait, il y a vingt-quatre siècles : « Les dieux nous vendent tous les

biens au prix du travail. » Ce que le poète disait, la Grèce
le fit. C'est en effet par une activité dont nul peuple n'avait
encore donné l'exemple, que les Grecs arrivèrent à se placer si haut parmi les nations. Ils couvrirent les côtes de
la M. de villes florissantes ; ils firent d'un petit pays le
maître du monde par les armes, par le commerce, mais
surtout par la civilisation.

Dans les sciences, les Grecs ont à peu près créé, en éta-
blissant les méthodes, c'est-à-dire les moyens de perfectionnement, les mathématiques pures, la géométrie,
la mécanique et l'astronomie ; ils ont commencé la botani-
que et la médecine.

Si, pour les sciences, les nations modernes sont allées
beaucoup plus loin, en marchant dans la voie ouverte par
H., A., A. et H., celle de l'observation patiente et du rai-
sonnement pur, dans les lettres, dans les arts, dans la
philosophie, les Grecs sont restés les maîtres éternels. Les
Romains et nous-mêmes ne sommes que leurs élèves. Ils
ont porté à la perfection le poème épique, H. ; l'élégie, S. ;
l'ode, P. ; la tragédie, dont E., S. et E. avaient su faire
uue grande fête patriotique, religieuse et morale ; la comédie, A. et M. ; l'histoire, H., T. ; l'éloquence de la tribune,
D., E., et celle du barreau, L. et I. Les modernes n'ont, à
vrai dire, créé qu'un art nouveau, la musique, et développé un art ancien, la peinture.

L'ancienne Grèce revit donc avec sa langue, qu'elle a su
garder à travers quinze siècles, avec l'activité de ses
marins, qu'on retrouve dans tous les ports de la M.

> Trois mille ans ont passé sur la cendre d'Homère,
> Et depuis trois mille ans, Homère, respecté,
> Est jeune encor de gloire et d'immortalité.

Ce qu'André Chénier a dit d'Homère est vrai de la Grèce
elle-même.

N° 2

Que représente le *Tableau parlant* dont on a le Dessin
sous les yeux ?

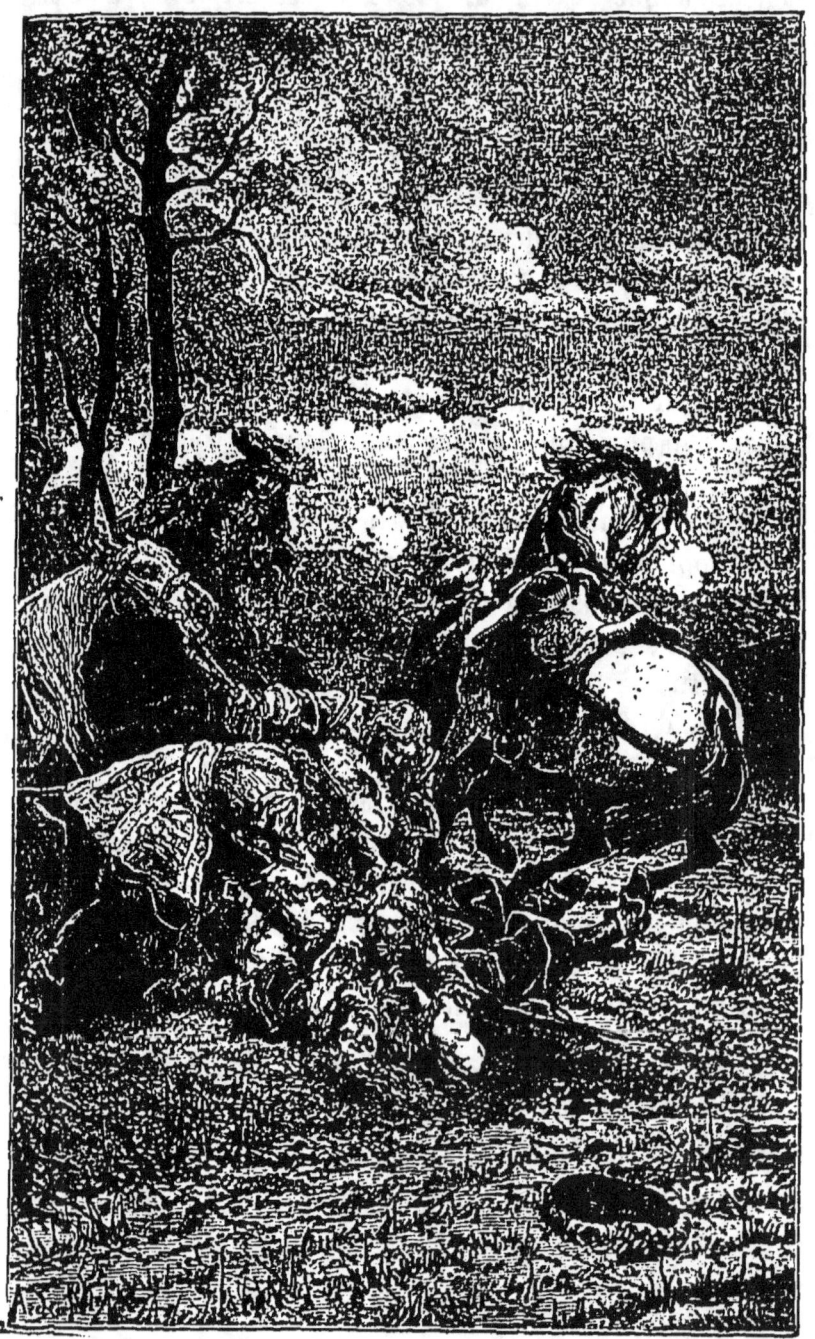

XXXIII

VERSIFICATION FRANÇAISE

Cette variété de *Problèmes* consiste à reconstruire des vers dont les mots sont dérangés de leur ordre harmonieux, à mettre en vers un fragment de prose, à compléter des vers dont le dernier mot est supprimé, à remplir des *Bouts-rimés*, composer des *Acrostiches*, etc.

Le *Traité de Versification*, par M. Quicherat, est un ouvrage classique qui donne toutes les règles et tous les exemples de la prosodie française.

Vers à reconstruire

EXEMPLE

La pièce suivante compose un *Sonnet* qui exprime la nature du *Sonnet* même.

SONNET

Doris, qui sait qu'aux vers je me plais quelquefois, un sonnet me demande, et je m'en désespère. Grand Dieu, quatorze vers ! Le moyen de les faire ? Cependant en voilà quatre de faits déjà. D'abord je ne pouvais trouver de rime ; mais on apprend en faisant à se tirer d'affaire. Poursuivons ; guère ne m'étonneront les quatrains, si je puis faire les frais du premier tercet. Au hasard je commence, et, sans l'aveu de ma muse, je n'ai pas commencé, si je ne m'abuse, puisque je m'en tire si net en si peu de temps. J'entame le second et extrême est ma joie, car j'achève le treizième des vers commandés ; et voilà le sonnet, comptez s'ils sont quatorze.

SOLUTION

SONNET

Doris, qui sait qu'aux vers quelquefois je me plais,
Me demande un sonnet, et je m'en désespère.
Quatorze vers, grand dieu! Le moyen de les faire?
En voilà cependant déjà quatre de faits.

Je ne pouvais d'abord trouver de rime; mais
En faisant on apprend à se tirer d'affaire.
Poursuivons; les quatrains ne m'étonneront guère,
Si du premier tercet je puis faire les frais.

Je commence au hasard, et, si je ne m'abuse,
Je n'ai pas commencé sans l'aveu de ma muse,
Puisqu'en si peu de temps je m'en tire si net.

J'entame le second et ma joie est extrême,
Car des vers commandés j'achève le treizième;
Comptez s'ils sont quatorze, et voilà le sonnet.

QUESTIONS

N° 1

LES ROSES DE SAADI

Ce matin j'ai voulu te rapporter des roses ; mais, dans mes ceintures closes, j'en avais tant pris que les nœuds trop serrés n'ont pu les contenir. Les nœuds ont éclaté : les roses envolées s'en sont toutes allées, à la mer, dans le vent ; pour ne plus revenir elles ont suivi l'eau. La vague en a paru comme enflammée et rouge ; ma robe en est encor tout embaumée ce soir..... sur moi, respires-en le souvenir odorant.

N° 2

LES FLEURS SANS PARFUM

Pourquoi leur refuser un sourire bienveillant ? Pourquoi les comparer à ces beautés froides, sans cœur et sans esprit, dont l'empire éphémère à leurs charmes vantés un jour ne survit pas ? Le parfum qu'en elles on cherche en vain est-il trop délicat peut-être pour venir à nos sens, et quand d'être belles seulement nous les blâmons, peut-être que leur pur encens monte vers Dieu.

N° 3

PASTEL

En vos cadres ovales, portraits jaunis des belles du vieux temps, j'aime à vous voir, en main tenant des roses un peu pâles, à des fleurs de cent ans comme il convient. En vous touchant la joue, le vent d'hiver a fait mourir vos lys et vos œillets, vous n'avez plus que des mouches de boue, et vous gisez tout salis sur les quais..... Vous cependant, vous respirez vos bouquets sans parfums, vieux portraits qu'on oublie, et, au souvenir de vos défunts galants, souriez avec mélancolie.

Vers à terminer

QUESTION

LES NOMS DE BAPTÊME

Lorsqu'ils baptisent leurs ————
De bons parents ont pour ———— —
De choisir des noms ————
Tous imprégnés d'un doux ————

Ces noms couronnent leur ———— —
D'une ravissante ————
Mais bien rarement le ————
Avec elle est en ————

C'est *Chéri*, de tous ————
Blanche, que couvre une peau ————
C'est un malheureux ————
Que chacun traite comme un ————

Achille est ami de la ————
Et *Placide* une foudre de ————
E prit, un garçon fort ————
Et *Félicité* n'en a ————

Dans le plus misérable ————
C'est une pauvre ————
C'est un *Juste* qui nous fait ———— —
Une *Flore*, hélas ! bien ————

C'est une *Bonne* au cœur ————
Un fluet qui se nomme ————
Puis une *Aurore* en plein ————
Qui n'avance pas, mais ————

Ange est un démon ————
Rien de plus maussade qu' ————.
Et je sais plus d'un ————
Que de bon cœur on donne au ————

Acrostiches

L'*Acrostiche* est une petite pièce, disposée de manière
que les premières lettres de chacun de ses vers, réunies
dans le même ordre que ces vers mêmes, forment la
devise, la sentence ou le nom que le poète a choisi pour
sujet de son poème et pour règle de ce mécanisme.

> amais je ne vis rien de plus charmant au monde,
> ne petite fée, une enfant toute blonde;
> a maison s'égayait à son babil joyeux,
> ci tout s'éclairait dès qu'elle ouvrait les yeux.
> n me disant bonjour elle prenait sa mine
> endre, déjà coquette; alors mon cœur tremblant
> ressaillait d'aise.... Où donc est-elle, ma gamine?
> lle est là, sous ce tertre, où pousse un rosier blanc.

L'Acrostiche n'est cependant pas toujours en vers,
témoin cet exemple tiré du nom donné au conseil particulier qui gouvernait Charles II, roi d'Angleterre. On appelait
ce conseil : *La cabale*, parce que les lettres initiales des
noms des cinq personnes qui le composaient, formaient le
mot CABAL. C'était : Cliffort, Ashley, Buckingham, Arling-
ton et Landerdale.

A la Renaissance, nos poètes mirent l'Acrostiche en
honneur, et sa vogue dura jusqu'à la fin du dix-septième siècle.

Comme exemple du genre, voici une pièce de vers, qui
fut faite pour Louis XIV, après la victoire de Marsaille,
remportée par Catinat, et qui réunit à elle seule toutes les
difficultés du *Sonnet* et de l'*Acrostiche*, avec un *Écho* qui
continue le sens de chaque vers. L'Écho est lui-même
une sorte de poésie légère, dont le dernier mot ou les
dernières syllabes forment en rime un sens qui répond à
chaque vers

e bruit de ta grandeur, dont n'approche personne,
   Sonne;
n sait le triste état où sont tes ennemis
   Mis;
oudraient-ils s'élever, bien qu'ils soient terrassés
   Assez;
ls connaîtront toujours ta victoire immortelle
   Telle.
uperbes alliés, vous suivrez les exemples
   Amples

'Alger et des Gênois implorant d'un pardon
   Don;
n vain toute l'Europe oppose ses efforts
   Forts,

ataillons sont forcés et villes entreprises
   Prises.
h! que par tant d'exploits vous serez embellis,
   Lis!
otre gloire en tout lieu du combat de Marsaille,
   Aille,
endant la ligne entière après tant de combats
   Bas.
elge, tu marcheras, pareil à la Savoie,
   Voie;
n te voit tout tremblant sous un tel souverain,
   Rhin!
ous te verrons aussi sous un roi si célèbre.
   Ebre!

POISSON D'AVRIL

annissons de nos cœurs la tristesse et l'ennui,
ire de son prochain est permis aujourd'hui;
n ne rit pas toujours sur notre pauvre terre,
hacun a ses instants de noir et de misère;
Atons-nous d'égayer ce premier jour d'avril,
t dans plus de cent ans, à cet anniversaire,
ous unis nous rirons encore. Ainsi soit-il.

Bouts-rimés

QUINZE ANS

Ils vont terminer leur *carrière,*
Ces mots bénis, ces jours *charmants,*
Où j'avais la joie *éphémère*
    D'avoir quinze *ans.*

Hélas ! tout s'achève en ce *monde,*
Même nos plus joyeux *moments,*
Même l'année heureuse et *blonde*
    De nos quinze *ans.*

Lorsque mon front flétri par l'*âge,*
Sera couvert de cheveux *blancs,*
Je reverrai comme un *mirage*
    Mes doux quinze *ans.*

Je songerai, non sans *tristesse,*
Au plus heureux de mes *printemps,*
A mon bonheur, à ma *jeunesse,*
    A mes quinze *ans.*

De nouveau l'été *ressuscite*
Avec ses gazons *verdoyants ;*
Comme vous avez passé *vite,*
    O mes quinze *ans.*

Sur les mêmes Rimes

SOIXANTE ANS

On voit le bout de la *carrière*,
Les sites semblent moins *charmants*,
Et tout paraît bien *éphémère*
    A soixante *ans*.

A cet âge, on doit en ce *monde*
Passer encor de bons *moments*,
Quand on peut chanter, blond ou *blonde*,
    « J'ai soixante *ans*. »

Si l'on a l'esprit de son *âge*,
On ne teint pas ses cheveux *blancs*,
La beauté n'est plus qu'un *mirage*,
    A soixante *ans*.

Gardons pour nous notre *tristesse*,
N'assombrissons pas le *printemps* ;
Sachons comprendre la *jeunesse*
    A soixante *ans*.

Jusqu'au jour où tout *ressuscite*,
Sous les frais gazons *verdoyants*
On songe à s'endormir bien *vite*,
    A soixante *ans*.

Sur le même Rythme

TREIZE ANS

Ah ! qu'ils finissent leur carrière,
Ces tristes jours, ces mois traînants,
Où l'on est encore écolière,
    Ayant treize ans.

Je crois que jamais en ce monde,
Ne finira ce vilain temps,
Où de nous l'on dit à la ronde :
    Elle a treize ans.

Nous sommes laides à cet âge,
Je le sais bien, et je le sens ;
O mon Dieu ! mon Dieu ! que j'enrage
    D'avoir treize ans.

On dit qu'on embellit sans cesse,
Jusqu'au compte de vingt printemps ;
Cela calme un peu la tristesse
    De mes treize ans.

Voilà l'été qui ressuscite,
C'est vrai, mais il dure longtemps,
Car les jours ne marchent pas vite,
    Ah ! mes treize ans !

· XXXIV

LANGAGE FRANÇAIS

Sous ce titre, sont présentées des Questions sur les origines et les singularités du langage, l'explication de certaines Locutions, etc.

QUESTION

Quelle est l'origine et quel est le sens de cette locution :

TUER LE MANDARIN ?

XXXV

USAGES MONDAINS

Ces questions s'appliquent aux origines et à l'explication des *Usages mondains.*

QUESTION

AVOIR SON JOUR

Quelle est l'origine de l'usage d'avoir un jour spécial pour recevoir les visites ?

XXXVI

SUPERSTITIONS

QUESTION

Pourquoi attribue-t-on une influence néfaste au *Nombre 13* ?

FIN DES PROBLÈMES ET QUESTIONS.

MILLE JEUX D'ESPRIT

SOLUTIONS ET RÉPONSES

DES PROBLÈMES ET QUESTIONS

MILLE JEUX D'ESPRIT

SOLUTIONS ET RÉPONSES

DES PROBLÈMES ET QUESTIONS

I

CRYPTOGRAPHIE

LES ÉCRITURES SECRÈTES

Tous les *Problèmes chiffrés* qui suivent sont du genre simple. Il est facile de les compliquer en écrivant les mots à rebours, ou les uns au-dessous des autres, etc.

PROBLÈMES CHIFFRÉS

Nº 1

L'amitié est comme ces autels antiques où les malheureux et même les coupables trouvaient un asile sûr.

Nº 2

Proverbe allemand : Qui tend un piège aux autres s'y prendra lui-même.

CLEF ALPHABÉTIQUE

A	B	C
D	E	F
G	H	I

J	K	L
M	N	O
P	Q	R

S	T	U
V	W	X
Y		Z

Nº 3

Une pensée de Blaise Pascal :
« Le cœur a ses raisons que la raison ne connaît pas. »

Nº 4

Je suis Lindor, ma naissance est commune,
Mes vœux sont ceux d'un simple bachelier.

Nº 5

La vérité est le soleil des intelligences.

II

PROBLÈMES POINTÉS

Tout le monde, tous les soleils, toute la création pour une pensée, et toutes les pensées de l'homme avec tout le reste pour un sentiment : voilà la poésie.

III
PROBLÈMES ALPHABÉTIQUES
Consonnes

Hélas! tu montes dans la vie,
Et je descends le front penché;
Tu planes, légère et ravie,
Et je suis las d'avoir marché.
Au beau ciel de ton innocence
Te rit encor tant d'avenir,
Je suis si pauvre en espérance,
Je suis si riche en souvenir.

Incline-toi, douce colombe,
Vers un cœur s'ouvrant pour t'aimer;
Moi, je m'incline vers la tombe,
Et je sens mes yeux se fermer.
Devant la blancheur de l'aurore
Doit s'éclipser la sombre nuit;
Mon dernier parfum s'évapore,
Ta jeune âme s'épanouit.

Voyelles

LA JEUNESSE

Les yeux baissés, rougissante et candide,
Vers leur festin quand Hébé s'avançait,
Les dieux charmés tendaient leur coupe vide,
Et de nectar l'enfant la remplissait.

Nous tous aussi, quand passe la Jeunesse,
Nous lui tendons notre coupe à l'envi;
Quel est le vin qu'y verse la déesse?
Nous l'ignorons; il enivre et ravit.

Ayant souri dans sa grâce immortelle,
Hébé s'éloigne; on la rappelle en vain;
Longtemps encor, sur la route éternelle,
Notre œil en pleurs suit l'échanson divin.

Consonnes et Voyelles

— Puisque vous connaissez le cours de la Garonne,
Du Danube, du Pô, du Nil, du Sénégal,
Où se jette, monsieur, s'il vous plaît, l'Amazone?
— A terre, quand elle est peu solide à cheval.

IV

CURIOSITÉS. — SURPRISES

N° 1

Les Trois Gentilshommes

1° — Deux Domestiques passent.

2° — Un Domestique ramène la barque.

3° — Deux Domestiques passent.

A ce moment les Trois Gentilshommes sont sur une rive et les Trois Domestiques sur la rive opposée.

4° — Un Domestique ramène la barque.

5° — Deux Gentilshommes passent.

A ce moment il y a sur une rive Un Gentilhomme et Un Domestique, et sur l'autre Deux Gentilshommes et Deux Domestiques. Le cas paraît embarrassant ; mais il y a deux places dans la barque.

6° — Un Gentilhomme et Un Domestique, qui rame, reviennent ensemble.

7° — Deux Gentilshommes passent.

8° — Un Domestique ramène la barque.

A ce moment les Trois Domestiques sont seuls d'un côté de la rivière, et les Trois Gentilshommes sur le bord opposé.

9° — Deux Domestiques passent.

10° — Un Domestique ramène la barque.

11° — Deux Domestiques passent.

Les Trois Gentilshommes et les Trois Domestiques ont traversé la rivière, et la barque reste abandonnée.

Nº 2
Les Trois Voisins

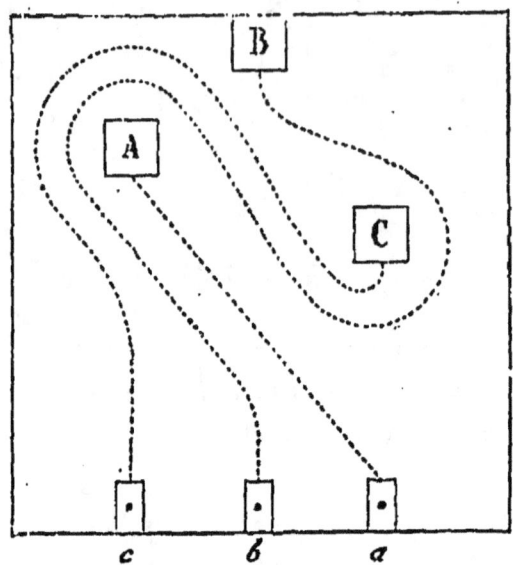

B ne peut jamais aller directement à sa fontaine et doit toujours faire le plus grand détour.

1º *Solution :* **A** va directement à sa fontaine *a.*

2º *Solution inverse :* **C** va directement à sa fontaine *c.*

Deuxième Solution

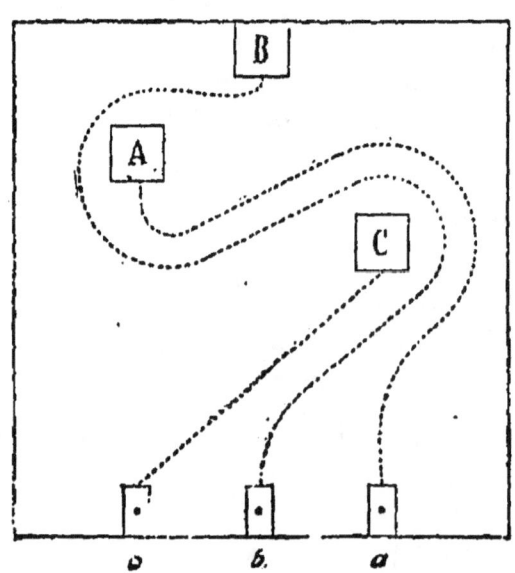

N° 3

La Croix de Diamants

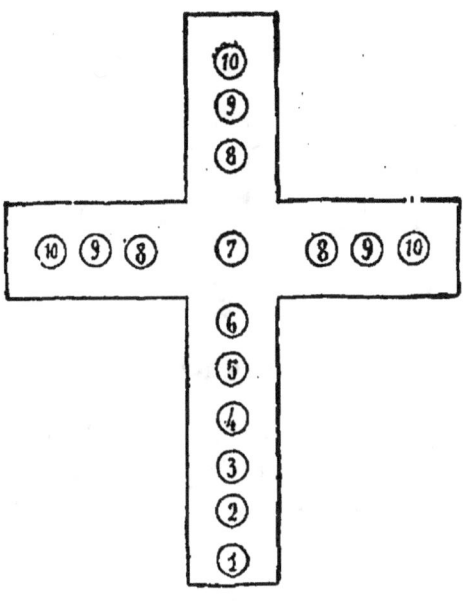

N° 4

Inscription Énigmatique

Pour rétablir l'inscription énigmatique dans son sens régulier, il faut relier ensemble toutes les lettres capitales, ensuite les caractères ordinaires, et on lira couramment :

« *C'est par l'esprit qu'on s'amuse, mais c'est par le cœur qu'on ne s'ennuie pas.* »

N° 5

Le Champ Paternel

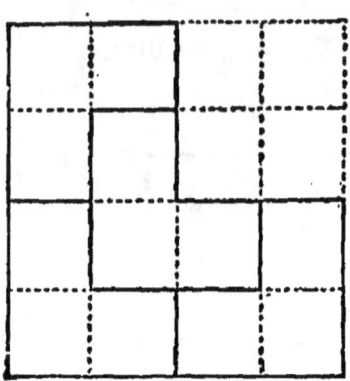

N° 6

Énigme Géométrique

La figure représente le carré, le parallélogramme, le triangle, etc.; le cercle, diamètre, rayon, tangente, etc.; les cinq voyelles, les consonnes C, D, H, K, L, M, T, V, etc.

N° 7

La Croix Latine

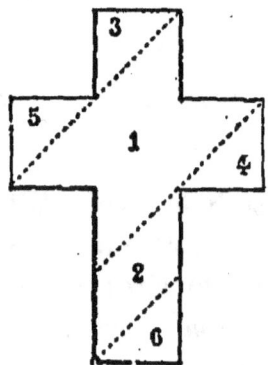

Nº 8

L'Étang

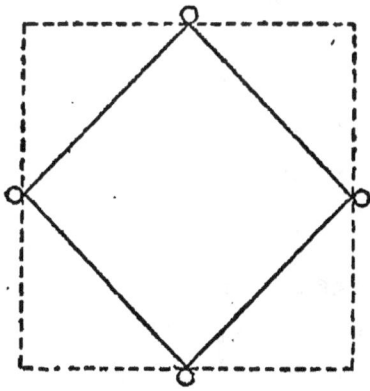

Nº 9

Les 36 Zéros

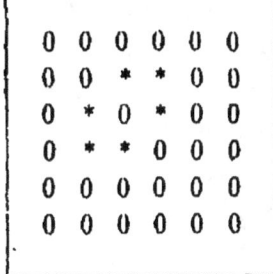

Nº 10

Le Cercle

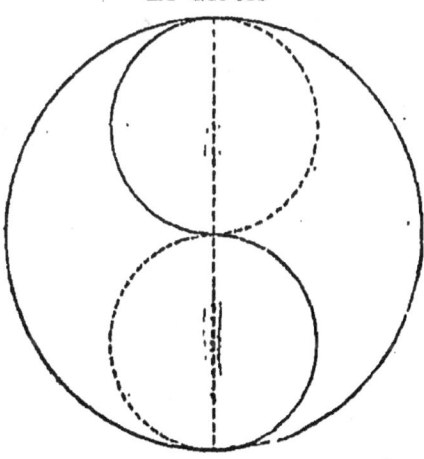

N° 11

Les mots qui sont au bas de chaque colonne s'appliquent à tous ceux de la même colonne. On lira :

Ne dis pas tout ce que tu sais,
Car qui dit tout ce qu'il sait,
Souvent dit ce qui doit se taire.
Ne fais pas tout ce que tu penses,
Car qui fait tout ce qu'il pense,
Souvent fait ce qui ne convient pas.
Ne crois pas tout ce que tu entends,
Car qui croit tout ce qu'il entend,
Souvent croit ce qui ne peut être.
Ne prodigue pas tout ce que tu as,
Car qui prodigue tout ce qu'il a,
Souvent prodigue ce qui lui est utile.
Ne juge pas tout ce que tu vois,
Car qui juge tout ce qu'il voit,
Souvent juge ce qui n'est pas.

N° 12

La figure, qui se composait de *cinq carrés* au moyen de
quinze fiches, forme ainsi *trois carrés*, en enlevant les trois
fiches indiquées par des points :

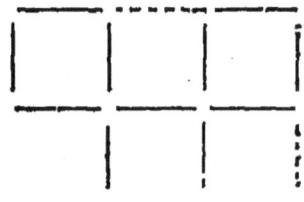

N° 13

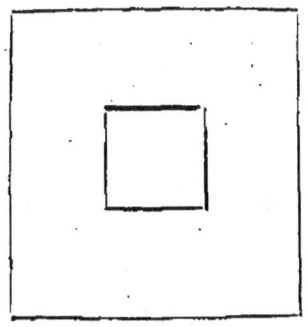

N° 14

Attribut Mythologique

LE SABLIER

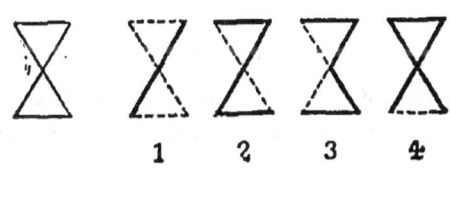

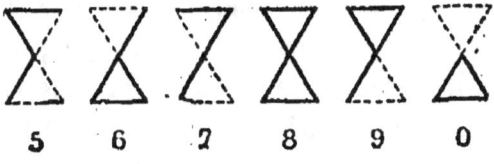

V

DEVISES

N° 1

Séville. — Alphonse le Sage. — Don Sancho.

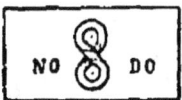

Le dessin est l'image d'un écheveau, que les Espagnols nomment *madeja*, et la devise se traduit par ces mots :

NO   MADEJA   DO

ou

NO   ME HA DEJA   DO

« Elle ne m'a point abandonné. »

Le nœud, pris isolément, *nodo*, sert en outre d'emblème et fait allusion au lien de fidélité qui unissait Séville à son roi.

Le roi Alphonse X, roi de Castille et de Léon, régna de 1252 à 1284. En guerre d'abord avec Henri III d'Angleterre pour ses prétentions sur la Gascogne, engagé dans la poursuite de la couronne impériale comme représentant des droits de sa mère Béatrix, il mécontenta ses sujets, que sa faiblesse ne sut ni maintenir dans le devoir, ni punir; mais ce qui mit le comble à l'irritation, c'est sa proposition, en 1281, de détacher Murcie de la couronne en faveur des enfants de la Cerda, et sa falsification de la monnaie. Aussitôt tous les barons et députés mécontents se rangèrent du côté de son fils, don Sanche le Brave. Le malheureux roi vit bientôt toutes les provinces et toutes les villes importantes, à l'exception de Badajoz et de Séville, passer du côté du rebelle; mais le pape intervint, et, le clergé d'abord, puis les frères de don Sanche ayant abandonné son parti, celui-ci fit des ouvertures de paix à son père. Elles auraient probablement abouti, sans une cruelle maladie qui vint frapper don Sanche. A cette nouvelle, Alphonse tomba malade et mourut le 5 avril 1284.

Ce roi, faible de caractère, mais à l'esprit éclairé, mérita d'être surnommé le Sage. C'est à lui que l'Espagne doit le rétablissement de l'Université de Salamanque et son premier Code de lois. Il fit dresser des Tables astronomiques, dites, de son nom, *Alphonsines.*

Nº 2

Fortune. Infortune. Fort une

Cette devise de Marguerite d'Autriche se retrouve dans tous les ornements qui décorent ce joyau d'architecture qu'on appelle l'Église de Brou, à Bourg-en-Bresse (Ain), où se trouve son tombeau.

Partout, peinte sur les vitraux, ciselée dans les arabesques des grilles de fer, sculptée sur les tombeaux, courant le long des rinceaux à travers les admirables broderies de pierre, de quelque côté qu'on porte ses regards, on découvre, avec le chiffre entrelacé de Philibert et de Marguerite, la devise de la princesse.

« *Fortune. Infortune. Fort une.* »

L'origine de cette église, c'est l'Ermitage construit par Gérard, vingt-cinquième évêque de Mâcon, mort en 958. Sur les ruines de cet Ermitage, la piété des habitants construisit un monastère, qui trouva un protecteur dans Philippe II, duc de Savoie, comte de Bresse, époux de Marguerite de Bourbon. Comme il s'était cassé le bras à la chasse, en 1440, sa femme fit vœu que s'il guérissait, elle élèverait à Brou une église et un monastère. Elle mourut avant d'avoir pu accomplir son vœu, ainsi que son mari; mais, par son testament, il décida que ses biens seraient consacrés à cette construction.

Son successeur, Philippe-le-Beau, épousa Marguerite d'Autriche. Il mourut pour avoir bu de l'eau glacée, et sa veuve crut que c'était là une punition pour n'avoir pas rempli le vœu du premier Philippe. Elle entreprit de l'accomplir, après beaucoup de difficultés. Pendant qu'on travaillait à la construction, elle alla gouverner la Flandre ; à son retour, elle se blessa et, ayant pris trop d'opium, elle mourut sans avoir vu achever l'église, qui ne fut terminée qu'en 1536. On lui a élevé, à gauche du chœur, le magnifique mausolée sur le fronton duquel est sa devise.

Marguerite d'Autriche, duchesse de Savoie, était fille de Maximilien Ier et de Marie de Bourgogne, sa femme. Elle prit sa devise après la mort de Philippe II, duc de Savoie, son mari.

Voici quel est le sens de cette devise, d'après Henri Corneille Agrippa, historiographe de cette princesse : « *Fortuna, infortuna valde unam.* » *La Fortune est infortune fort une,* parce qu'elle avait été renvoyée par le roi Charles VIII, n'avait été qu'un an en mariage avec Jean, prince de Castille, et trois ans avec Philibert II, duc de Savoie, surnommé le Beau. »

Nous ne mentionnerons que pour mémoires diverses interprétations.

L'une transforme en verbe le mot : *Infortune* :

« *Fortuna infortunat fortiter unam.* »

La fortune s'acharne contre une infortunée.

Une autre y voit une pensée de résignation :

« La fortune et l'infortune me sont tout une. »

Toutes ces interprétations n'ont qu'une valeur de curiosité.

La plus satisfaisante et la plus acceptable est l'explication qui ressort des textes d'anciens manuscrits sur cette devise, qui, sans contredit, exprime une plainte sur les vicissitudes et les malheurs de sa royale destinée :

Fortune : La Fortune de Marguerite est sa naissance; elle est fille d'un empereur; elle a été destinée au trône de France; elle a épousé Jean de Castille, fils du roi d'Aragon; elle a été l'épouse de Philibert le Beau.

Infortune : Son Infortune est d'avoir été répudiée par Charles VIII; d'avoir perdu Jean de Castille et le fils né de ce mariage; d'avoir vu mourir Philibert le Beau.

Fort : Mot qui signifie très, beaucoup.

Une : Chose unique, rare, extraordinaire, exceptionnelle. singulière, qui n'est arrivée qu'à elle.

La devise de Marguerite se traduirait donc ainsi :

« *Fortune, infortune, très unique.* »

En résumé, le sens de la devise, forcé par un double jeu de mots, reste encore un problème.

VI

ANAGRAMMES

SIÈCLE DE LOUIS XIV

Nᵒˢ 1. — Pierre Corneille.
2. — Racine.
3. — Molière.
4. — La Fontaine.
5. — Boileau Despréaux.
6. — De Sévigné.
7. — Bossuet.
8. — Malebranche.
9. — Fénelon.
10. — Massillon.
11. — Bourdaloue.
12. — Fléchier.
13. — Saint-Simon.
14. — Paul de Gondi.
15. — Scudéry.
16. — Balzac.
17. — Voiture.
18. — La Bruyère.
19. — Blaise Pascal.
20. — René Descartes.
21. — Mariotte.
22. — Arnauld.
23. — Nicole.
24. — Lancelot.
25. — Lesueur.
26. — Le Poussin.

Nᵒˢ 27. — Claude Lorrain.
28. — Watteau.
29. — Mignard.
30. — Lulli.
31. — Puget.
32. — Le Nôtre.
33. — Callot.
34. — La Quintinie.
35. — Vatel.
36. — Mazarin.
37. — Colbert.
38. — Louvois.
39. — Vauban.
40. — Condé.
41. — Turenne.
42. — Villars.
43. — Tourville.
44. — Duguay-Trouin.
45. — Jean Bart.
46. — Le Vaillant.
47. — Dangeau.
48. — Bayle.
49. — Casaubon.
50. — Saumaise.
51. — Scaliger.
52. — Maintenon.

VII

MOYENS MNÉMONIQUES

N° 1

CHÈRE

3° ACTE. — C'est donc ici d'Esther le superbe jardin.

2° ACTE. — Hé quoi ! lorsque le jour ne commence qu'à luire.

1er ACTE. — Est-ce toi, CHÈRE Élise, ô jour trois fois heureux !

Racine.

Esther.

N° 2

Les sept Sages de la Grèce

Thalès, de Milet.

Pittacus, de Mitylène.

Bias, de Priène.

Myson, de Chen.

Cléobule, de Lindos.

Chilon, de Lacédémone,

Solon, d'Athènes.

N° 3

Les sept Cygnes

1. ANDRÉ CHÉNIER. Le Cygne de Byzance.
2. FÉNELON.   —   Cambrai.
3. PLATON.   —   l'Académie.
4. PINDARE.   —   Dircé ou Thébain.
5. SHAKSPEARE.   —   l'Avon.
6. POPE.   —   Windsor.
7. VIRGILE.   —   Mantoue.

On a donné le surnom de *Cygne* à d'autres écrivains ; nous avons choisi les plus célèbres.

N° 4.

Pléiade Française.

LOUIS XIII

Rapin. — Larue. — Commire. — Dupérier. — Santeuil. — Petit. — Ménage.

VIII

COQUILLES AMUSANTES

N° 1

A chacun *deux* cent mille francs.

N° 2

Autour. — Buses.

N° 3

Fille. — Modeste.

N° 4

Mieux.

N° 5

Trois rectifications à faire :
Ane. — *Pense.* — *La Fontaine* (en deux mots).

N° 6

Le client avait demandé *Cook.*

N° 7

Le gouverneur avait écrit : Placez *qq* bornes-fontaines,
quelques en abrégé.

IX

PRÉNOMS

N° 1

CALIGULA

Caligula, l'un des douze Césars. Ce surnom de *caligula* vient de la chaussure de soldat qu'il portait dans le camp où il fut élevé.

N° 2

SUZANNE

Lys, fleur brillante.

N° 3

SÉMIRAMIS

Colombe.

Une légende antique rapporte qu'à sa naissance, ayant été exposée dans un lieu désert, elle fut nourrie par des colombes. Un berger la découvrit et lui donna ce nom, Sémiramis, colombe.

X

NOMBRES

Nº 1

Le Valet infidèle

32 boutcilles.

1	7	1
7		7
1	7	1

28 boutcilles.

2	5	2
5		5
2	5	2

24 boutcilles.

3	3	3
3		3
3	3	3

20 boutcilles.

4	1	4
1		1
4	1	4

N° 2

Le Cadi

Les trois héritiers, n'ayant trouvé aucun moyen de se partager les dix-neuf chameaux par moitié, quart et cinquième, revinrent le lendemain à l'audience du cadi, qui leur parla en ces termes :

« Pour vous mettre d'accord, j'ai amené un chameau qui m'appartient. C'est un vieux serviteur inutile, que je garde en récompense des services qu'il m'a rendus. Je le mets dans votre part d'héritage. Il y a vingt chameaux. Que l'aîné prenne sa moitié. »

L'aîné prit dix chameaux.

« Que le cadet prenne le quart. »

Le cadet prit cinq chameaux.

« Que le plus jeune prenne le cinquième. »

Le plus jeune prit quatre chameaux.

« Maintenant, dit le cadi, je reprends le mien, que personne n'a choisi. Vous êtes d'accord. Allah est grand. »

N° 3

Les trois sœurs

Les jeunes paysannes se rendent au marché et affichent leurs œufs à 7 pour un sou (*cinq centimes*).

Suzanne, l'aînée, qui en a 50, en vend 49 pour 7 *sous*, et il lui en reste 1.

Charlotte, la cadette, qui en a 30, en vend 28 pour 4 *sous*, et il lui en reste 2.

Marie, la plus jeune, qui en a 10, en vend 7 pour 1 *sou*, et il lui en reste 3.

A la fin du marché, les œufs devenant rares, les sœurs affichent ceux qui leur restent, à raison de 3 sous la pièce (*quinze centimes*).

Suzanne en a 1 qu'elle vend 3 *sous*.

Charlotte en a 2 qu'elle vend 6 *sous*.

Marie en a 3 qu'elle vend 9 *sous*.

En rentrant à la ferme, les trois sœurs remettent donc chacune 10 sous (*cinquante centimes*) à leur mère, après avoir vendu leurs œufs le même prix.

N° 4

Les blancs et les noirs

Les 32 marins, 16 blancs et 16 noirs, ont été rangés sur une seule ligne dans l'ordre suivant, et la décimation a commencé par la gauche :

2 b-1 n-4 b-1 n-1 b-4 n-1 b-2 n-2 b-2 n-2 b-1 n-3 b-5 n-1 b

N° 5

Le dîner

Les huit convives devraient dîner 40,320 fois, c'est-à-dire pendant 110 ans, 170 jours, et 143 jours en tenant compte des années bissextiles.

N° 6

L'aumône

On changeait d'abord le sou en quatre liards ; on donnait un liard à quatre pauvres en se faisant rendre un centime, puis on donnait encore un centime à quatre pauvres ; moyennant quoi les quatre premiers avaient reçu pour aumône la différence qui existait autrefois entre le liard et le centime, les quatre derniers avaient reçu un centime.

N° 7

L'escalier

L'escalier a 119 marches.

N° 8

L'école de Pythagore

28 disciples.

XI

ÉCHECS

MAT EN DEUX COUPS

BLANCS	NOIRS
N° 1. — D 8 FD	*A Volonté.*

La *Dame blanche* s'étant portée à la *huitième case de son Fou*, quel que soit le coup joué par le Noir, celui-ci recevra le Mat au coup suivant, soit par l'un des deux Cavaliers blancs, soit par la Tour blanche, selon ce qu'il aura joué.

XII

DAMES

BLANCS		NOIRS	
36 à 31		13 à 36	Dame prend Pion
26 à 21		3 à 26	d°
16 à 11		2 à 16	d°
49 à 43		16 à 49	d°
48 à 42		26 à 48	d°
47 à 41		36 à 47	d°
50 à 44		49 à 40	d°
45 à 34	Pion prend Dame	48 à 30	d°
35 à 24	d°	47 à 20	d°
25 à 3			

Le Pion blanc prend les deux dernières Dames noires en allant à Dame lui-même, et les quatre pions noirs ne peuvent plus passer.

XIII

DOMINOS

N° 1

On retire du jeu un domino quelconque, qui ne soit pas un double. Le nombre de points du domino retiré donnera celui des extrémités du jeu.

Si, par exemple, on a enlevé le 3 et 5, on aura fatalement du *Trois* à une extrémité et du *Cinq* à l'autre, quel que soit l'arrangement des dominos, nombre contre nombre, et tous les doubles placés.

N° 2

XIV

CARTES

N° 1

Le carré de cartes

As de Pique	Valet de Trèfle	Dame do Carreau	Roi de Cœur
Roi de Carreau	Dame de Cœur	Valet de Pique	As do Trèfle
Valet de Cœur	As do Carreau	Roi de Trèfle	Dame do Pique
Dame de Trèfle	Roi de Pique	As do Cœur	Valet do Carreau

N° 2

La Carte pensée

Il suffit simplement de se rappeler la carte qui avait le numéro 1, et qui sert de point de départ.

Au second défilé, dès qu'elle apparaît, on compte mentalement : un, deux, trois, etc.

La coupe, même répétée plusieurs fois, ne détruisant pas l'ordre de la série des cartes, la carte pensée occupe toujours le même rang.

Au premier abord, il semble qu'il soit nécessaire de retenir la succession des trente-deux cartes, pour en déterminer une d'après son numéro d'ordre; mais le seul effort de la mémoire consiste à se rappeler la première carte, le numéro donné, et la carte pensée qui y correspond.

Supposons que la première carte soit le roi de carreau, et qu'on ait pensé la *Dame de Trèfle*, numéro 13.

Le jeu coupé, on donne le numéro 13 à l'opérateur, qui fait défiler de nouveau les cartes.

Le roi de carreau lui apparaît, par exemple, à la fin du jeu, l'avant-dernière. Il compte mentalement : *un* et *deux;* il relève les cartes dans leur ordre, continue à compter : trois, quatre, cinq, etc., jusqu'à treize, qui révèle la Dame de Trèfle.

L'opérateur ne s'y arrête pas, et ne la nomme qu'un peu plus tard.

N° 3

Deux quatre-vingt-dix

Le premier joueur a dans la main les quatre Tierces majeures.

Il compte trois *Quatorzes* : celui d'*As*, celui de *Rois* et celui de *Dames*, c'est-à-dire 42 points.

Il fait les douze *Levées*, ce qui lui fait en plus 13 points, en comptant la dernière levée double.

En ajoutant 40 points pour la *Capote*, on arrive au total de 95 points.

Le second joueur a dans son jeu deux *Quintes au Valet*. Il compte 5 points pour son *Point* et 15 points pour la première quinte ; total : 20 points.

Les 15 points de sa seconde quinte complètent le chiffre de 95, le point et les quintes se comptant avant les quatorzes.

Les deux joueurs arrivent donc, avec des jeux bien différents, à faire chacun le même nombre de points.

XV

SYNONYMES

QUI TERRE A GUERRE A

Q uitter. — *Abandonner.*
U rbain. — *Citadin.*
I niquité. — *Péché.*

T ablettes. — *Carnet.*
E pargne. — *Économie.*
R enverser. — *Abattre.*
R ival. — *Compétiteur.*
E loge. — *Panégyrique.*

A ccéder. — *Consentir*

G émissement. — *Plainte.*
U nivers. — *Monde.*
E xterminer. — *Tuer.*
R ameau. — *Branche.*
R epas. — *Festin.*
E chec. — *Défaite*

A nimosité. — *Haine.*

CONTRAIRES

AU PAUVRE LA BESACE

A preté.   — *Douceur.*
U sé.   — *Neuf.*

P risonnier.   — *Libre.*
A cide.   — *Sucré.*
U nir.   — *Séparer.*
V ariété.   — *Monotonie.*
R ébellion.   — *Soumission.*
E rudit.   — *Ignorant.*

L oyal.   — *Fourbe.*
A buser.   — *User.*

B rigand.   — *Gendarme.*
E sclave.   — *Maître.*
S atisfait.   — *Mécontent.*
A ride.   — *Fertile.*
C ercle.   — *Carré.*
E moussé.   — *Aiguisé.*

XVI

LETTRES INCONNUES

Lettres ajoutées

La *Voyelle* A et la *Consonne* F.

Nageur.   *Lisse.*   *Sucre.*   *Lin.*   *Rien.*
NAUFRAGE.   FILASSE.   SURFACE.   FINAL.   FARINE.

Libre.   *Sire.*   *Ciel.*   *Lourd.*   *Fronde.*
FRIABLE.   FRAISE.   CALIFE.   FOULARD.   OFFRANDE.

Layette.   *Nicot.*   *Lice.*   *Tir.*   *Frein.*
LAFAYETTE.   FACTION.   FACILE.   TARIF.   RAFFINÉ.

Voir.   *Bile.*   *Ire.*   *Caron.*   *Race.*
FAVORI.   FAIBLE.   FAIRE.   CARAFON.   CARAFE.

Lettres supprimées

Pour les *Lettres supprimées,* on fait l'opération inverse.

XVII

LE FIL D'ARIANE

Marche du Cavalier

Vers

L'Iris bleu, c'est la confiance,
Le Jasmin blanc, c'est le plaisir,
La Violette est l'innocence,
La Pensée est le souvenir,
La Scabieuse est le mystère,
La Fleur d'oranger, la douceur,
Le Terraspic est la colère,
Et l'Anémone, la candeur.

Dessin

N° 1

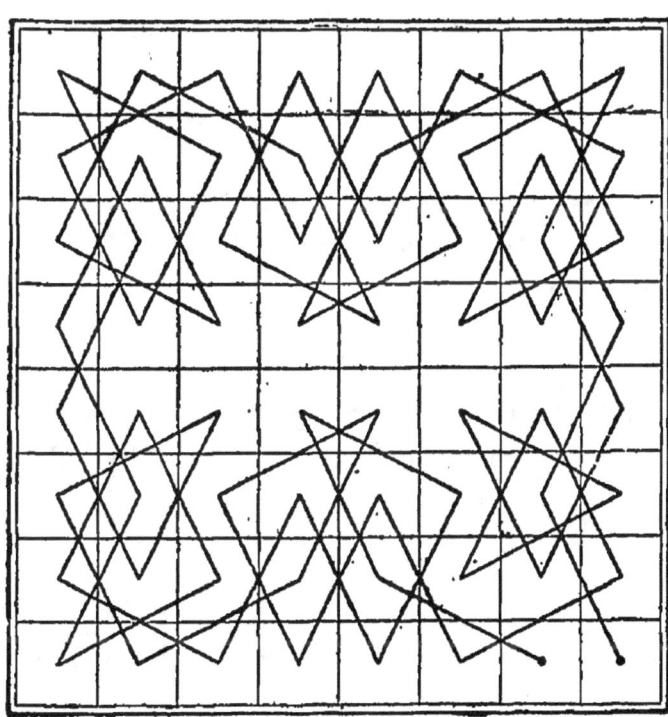

XVIII

RÉBUS

SEPT MERVEILLES DU MONDE

Les Jardins de Sémiramis.
Le Phare d'Alexandrie.
Les Pyramides d'Égypte.
La Statue de Jupiter olympien.
Le Colosse de Rhodes.
Le Temple de Diane à Éphèse.
Le Mausolée.

N° 2

Amuser les enfants avec la science, c'est mettre un re-mède dans des bonbons et l'alphabet dans une boîte de joujoux.

N° 3

Tous les chefs-d'œuvre de l'esprit humain sont dans le dictionnaire; la question est d'y prendre les mots et de les mettre à leur place.

N° 4

Sois lion dans le triomphe, renard dans la défaite, coli-maçon dans le conseil, oiseau à l'heure de l'action.

N° 5

L'éternité est une horloge dont le balancier murmure sans cesse: Toujours Jamais, Toujours Jamais, Toujours.
— *Bridaine.*

N° 6

Sentence chinoise : « Si tu veux dissimuler la trace de tes pas, ne marche pas dans la neige. »

N° 7

La maxime la plus sage à l'égard des secrets est encore de n'en pas écouter et de n'en dire à personne.

N° 8

Les boudeurs entêtés reviennent tout seuls quand on ne les regarde pas. — *Chamfort.*

N° 9

Le prix à la plus savante, la pomme à la plus belle, la rose à la plus sage.

N° 10

Quand on aime, c'est le cœur qui juge, et le cœur a toujours le droit de grâce.

N° 11

Dans le miroir de la Vérité, le masque tombe, l'homme reste, et le héros s'évanouit.

N° 12

La photographie est à la nature ce que l'orgue de barbarie est à la musique.

Nº 13

Enfant, crains d'être ingrat, sois soumis, doux, sincère;
Obéis, si tu veux qu'on t'obéisse un jour.

Nº 14

Quand on mange des cerises, on choisit les plus belles,
puis les bonnes, et tout le panier finit par y passer.

Nº 15

Les lions sont moins les esclaves de ceux qui les gardent, que ceux-ci ne sont les valets des lions.

Nº 16

Ci-gît le fameux Chamillard,
De son roi le protonotaire,
Qui fut un héros au billard,
Un zéro dans le ministère.

Nº 17

Il vaut mieux être assis que debout, couché qu'assis,
mort que couché.

Nº 18

Les courtisans sont des jetons,
Leur valeur dépend de leur place,
Dans la faveur des millions,
Et des zéros dans la disgrâce.

Nº 19

Le caprice de la Fortune se joue des mortels, et la Roche tarpéienne est voisine du Capitole.

Nº 20

Le voyageur dont la poche est vide passera en chantant devant les voleurs.

Nº 21

Proverbe arabe : Quand on a été mordu par le serpent, on se défie des cordes.

Nº 22

Dieu enseigne le mépris des richesses par la manière dont il les distribue.

Nº 23

Les Français à l'étranger sont comme ces gens qui ont bon appétit lorsqu'ils dînent en ville, et qui ne mangent rien à la maison.

Nº 24

La vanité est un ballon gonflé de vent, d'où il sort des tempêtes quand on y fait une piqûre.

RÉBUS GRAPHIQUES

N° 1

L'oisiveté nous entraîne souvent au mal.

N° 2

Le silence est d'or.

N° 3

Citadelle.

N° 4

L'ingratitude est le plus noir de tous les vices.

N° 5

Les jours se suivent et ne se ressemblent pas.

N° 6

Arago chérit la droiture par-dessus tout.

N° 7

Qui s'y frotte s'y pique.

Nº 8

J'ai souvent souci
Dont souvent soupire.

Nº 9

Petite pluie abat grand vent.

Nº 10

La sole l'a mis là.

Nº 11

Elle a vécu sur l'eau.

Nº 12

Émilie, dis-moi si tu es fâchée. — HÉLÈNE.

Nº 13

Aide-toi, le ciel t'aidera.

Nº 14

22 ôté de 24, reste 2.

XIX

ÉNIGMES

Nᵒˢ 1. — Les Châteaux en Espagne.
2. — Oiseau.
3. — L'Amitié.
4. — Le Volant.
5. — La Quenouille.
6. — Le Pommier.
7. — Le Pied.
8. — Tête, Langue, Nez, Yeux, Oreilles.
9. — Le Ramoneur.
10. — Le Dictionnaire.
11. — Le Rire.
12. — La Poudre.

Nᵒˢ 13. — Le Peuple.
14. — La Carte.
15. — Le Moulin-à-vent
16. — La Conscience.
17. — Le Vol.
18. — La Pensée.
19. — Le Lys.
20. — La Seine.
21. — Le Sommier.
22. — Sardine.
23. — Les Pôles.
24. — L'Honneur. Les Honneurs.

XX

CHARADES

Nᵒˢ 1. — Hallebarde.
2. — Lionceau.
3. — Beauté.
4. — Paimbœuf.
5. — Finlande.
6. — Version.
7. — Démarche.
8. — Polichinelle.

Nᵒˢ 9. — Maintenant.
10. — Préface.
11. — Fourmi.
12. — Courbette.
13. — Demain.
14. — Arc-en-ciel.
15. — Corfou.
16. — Franche-Comté.

XXI

LOGOGRIPHES

N° 1. — Adolescent. — Séné. — Code. — As. — Dés.
— Dol. — Sac. — Solde. — Lacs. — Dent. — Os. — Son.
— École. — Leçon. — Étole. — Sol. — Cône. — Caen. —
Laon. — Dôle. — Dose. — Ton. — Cent.

N° 2. — Feroé. — Fero. — Fer.

N° 3. — Lilas. — La. — Lis. — As. — Lia.

N° 4. — Lune. — Une.

N° 5. — Asperge. — Arpège. — Rage. — Père. — Péra.
— Gare. — Are. — Ré.

N° 6. — Caroline. — La Caroline des États-Unis. —
Corail. — Loi. — Nil. — Lion. — Or. — Nice. — Cor. —
Crin. — Léon. — Ain, Orne, Loire. — Cire. — Ail ou
Racine. — Lin ou Laine.

N° 7. — Vitre. — Vire.

N° 8. — If. — Feu. — Fer. — Lie. — Cire. — Lucifer.

N° 9. — Cornemuse. — Corne. — Orne. — Muse.

N° 10. — Cruche. — Ruche.

N° 11. — Madame. — Adam.

N° 12. — Adieu. — Dieu.

N° 13. — Épreuve. — Preuve.

N° 14. — Hiver. — Hier.

N° 15. — Pavé. — *Ave*.

N° 16. — Cor. — Or.

N° 17. — Mode. — Ode.

N° 18. — Livre. — Lire.

XXII

MÉTAGRAMMES

N° 1. — Peinture. Ceinture. Teinture.
N° 2. — Cimier. Limier.
N° 3. — Maison. Raison. Saison.
N° 4. — Port. Sort. Fort. Tort. Dort. Mort.
N° 5. — Laine. Haine. Gaine. Faine. Maine. Maine.
N° 6. — Comme. Pomme. Somme. Gomme Homme.

XXIII

MOTS DÉCOMPOSÉS ET RECOMPOSÉS

Mot décomposé

Les initiales des vers, moins celle du premier, donnent
en Acrostiche le mot :

FANTASMAGORIE

Mot recomposé

TOURNON. POITIERS. RHODEZ. CASTRES.

NANTES. GAILLAC. NICE. SENLIS.

THONON. LAVAL. LURE. LOUHANS.

XXIV

CROIX

```
    C                 R                 R
    H                 O                 A
MARIE         REMUS         JACOB
    I                 U                 H
    S                 L                 E
    T                 U                 L
                      S
```

XXV

ACROSTICHES

```
A  BRAHA  M
N  IAGAR  A
G  ONTRA  N
L  AMBES  C
E  XMOUT  H
T  ARENT  E
E  STRÈE  S
R  ÉMUSA  T
R  OSALI  E
E  LEAZA  R
```

XXVI

MOTS CARRÉS

N° 1

C	H	A	R
H	E	R	O
A	R	D	U
R	O	U	E

N° 2

N	É	R	O	N
E	S	O	P	E
R	O	G	E	R
O	P	E	R	A
N	E	R	A	C

N° 3

K	I	R	S	C	H
I	S	A	U	R	E
R	A	D	N	O	R
S	U	N	I	U	M
C	R	O	U	P	E
H	E	R	M	E	S

N° 4

B	A	D	A	U	D
A	V	E	R	N	E
D	E	Ç	O	I	T
A	R	O	U	E	T
U	N	I	E	M	E
	E	T	T	E	S

N° 5

C	H	A	S	S	E
H	O	R	I	O	N
A	R	G	E	N	T
S	I	E	N	N	E
S	O	N	N	E	T
E	N	T	E	T	E

N° 6

E	G	E	R	I	E
G	A	L	A	N	T
E	L	E	V	E	R
R	A	V	A	G	E
I	N	E	G	A	L
E	T	R	E	L	A

Mots carrés syllabiques

N° 1

POM	MA	DE
MA	DA	ME
DE	ME	LOIR

N° 2

PRO	CI	DA
CI	VIS	ME
DA	ME	RET

N° 3

MI	CA	RE	ME
CA	TI	LI	NA
RE	LI	A	GE
ME	NA	GE	RE

N° 4

SU	I	CI	DE
I	NE	GA	LE
CI	GA	RET	TE
DE	LE	TE	RE

XXVII

TRIANGLES

<table>
<tr><td>N° 1</td><td>N° 2</td></tr>
</table>

```
E G L A N T I N E                    M
G L A C I E R E                    D O
L A R E O L E                    C O L
A C E R B E                    M A R I
N I O B E                    C A M E E
T E L E                    D O R E U R
I R E                    M O L I E R E
N E
E
```

N° 3

```
A B E C E D A I R E
B O N A P A R T E
E N T R A N T E
C A R A C A S
E P A C T E
D A N A E
A R T S
I T E
R E
E
```

Triangles Syllabiques

```
A N   N I   V E R   S A I   R E

N I   C O   T I     N E

V E R   T I   G E

S A I   N E

R E
```

XXVIII

LOSANGES

N° 1

```
        C
      S A C
    P A I E N
  S A I L L I E
C A I L L E T T E
  C E L E B R E
    N I T R E
      E T E
        E
```

N° 2

J'ai cherché bien longtemps ; à la fin mon bon ange
M'a permis d'établir l'introuvable *Losange*,
Renfermant quatorze E, deux L, avec trois T,
Deux R avec deux A, plus un V, plus un G ;
Mon esprit, animé d'une ardeur persistante,
L'a pu, dis-je, étager de la façon suivante :

```
        E
      E T E
    E T A L E
  E T A G E R E
    E L E V E
      E R E
        E
```

Losanges syllabiques

```
              M E
        M Y  S O    R E
ME   S O  PO    T A    M I E
        RE  TA  MEUR
              M I E
```

XXIX

PARALLÉLOGRAMMES

```
              P  A  T  U  R  E
           P  O  M  O  N  E
        S  E  S  A  M  E
     S  I  R  E  N  E
  P  A  R  E  N  T
```

XXX

ÉTOILES

BIBLE	MYTHOLOGIE

```
           A                          M
         B                          I
   A   T      B                 A      N    O
   T  H        E            C       N    T
A B S A L O N            N E M E S I S
      J     H    L          P    R    R
        E       I               H   A   O
         Z     E             A    V     N
           A                      E
           M
```

1° — Abraham.	1° — Minerve.
2° — Athalie.	2° — Achéron.
3° — Absalon.	3° — Némésis.
4° — Jézabel.	4° — Phaéton.

D'autres noms de la *Bible* et de la *Mythologie* répondent à la question.

BIBLE		MYTHOLOGIE	
Man	A ssé.	Eut	E rpe.
Éli	A cin.	Thy	E ste.
Suz	A nne.	Tel	E phe.

XXXI

CHARADES EN ACTION

Goût. — *Vers.* — *Nantes.* — GOUVERNANTE.

XXXII

TABLEAUX PARLANTS

N° 1

ATHÈNES

Péloponèse. — Égée. — Eubée.— Salamine.— Égine. — Attique. — Éleusis. — Athènes. — Marathon. — Hymette. — Pentélique. — Laurion. — Épicharme. — Méditerranée. — Hippocrate. — Archimède. — Aristote. — Hipparque. — Homère. — Simonide. — Pindare. — Eschyle. — Sophocle. — Euripide. — Aristophane. — Ménandre. — Hérodote. — Thucydide. — Démosthène. — Eschine. — Lysias. — Isocrate.

N° 2

Dessin

LA MORT DE TURENNE

Le 27 juin 1675, au matin, M. de Turenne fit attaquer le village de Salzbach. Le jeune comte de Saint-Hilaire le trouva à la tête de son infanterie, assis au pied d'un arbre, sur lequel il avait fait monter un vieux soldat pour mieux découvrir la manœuvre des ennemis. Le comte de Roye le faisait conjurer de reconnaître lui-même la colonne allemande qui s'avançait :

« Je resterai au lieu où je suis, dit Turenne, à moins qu'il ne se présente quelque chose de considérable. »

Il envoya des renforts à M. de Roye ; celui-ci insista.

Le maréchal demanda son cheval et gagna au petit galop la droite de l'armée, le long d'un fond, afin d'être à couvert de deux petites pièces de canon qui tiraient sans cesse :

« Je ne veux point du tout être tué aujourd'hui, » disait-il.

Il aperçut M. de Saint-Hilaire, le père, qui venait à sa rencontre ; il lui demanda ce que c'était que cette colonne pour laquelle on le faisait venir.

« Mon père la lui montrait, écrit le jeune Saint-Hilaire, quand malheureusement les deux petites pièces tirèrent. Un boulet, passant sur la croupe du cheval de mon père, lui emporta le bras gauche, le col du cheval de mon frère, et frappa M. de Turenne au côté gauche ; il fit encore une vingtaine de pas sur le col de son cheval et tomba mort.

» Un spectacle aussi tragique me pénétra d'une douleur si vive, que j'éprouve encore aujourd'hui qu'il est plus facile de la ressentir que de la bien exprimer. Je ne savais auquel courir, du général ou de mon père ; la nature me décida. Je me jetai dans les bras de mon père, et je lui cherchais un reste de vie que je craignais ne plus lui trouver, lorsqu'il m'adressa ces paroles, que toute la France trouva si belles qu'elle compara le cœur qui les avait dictées à ceux des anciens et véritables Romains, et je crois que la mémoire s'en conservera longtemps :

« Ah! mon fils, s'écria-t-il, ce n'est pas moi qu'il faut
» pleurer, c'est la mort de ce grand homme; vous allez,
» selon toute apparence, perdre un père; mais votre patrie
» ni vous ne retrouverez jamais un pareil général. »

» En achevant ces mots, les larmes lui tombaient des
yeux :

« Que vas-tu devenir, pauvre armée? » ajouta-t-il; puis,
en se remettant tout d'un coup, il reprit :

« Allez, mon fils, laissez-moi; je deviendrai ce qu'il
» plaira à Dieu; remontez à cheval; le temps presse; je
» vous le commande, allez faire votre devoir, et je ne
» désire plus de vie qu'autant qu'il m'en faudra pour ap-
» prendre que vous vous en serez bien acquitté. »

» Quelque instance que je fisse pour demeurer auprès de
lui jusqu'à ce qu'il fût venu un chirurgien et qu'on l'eût
emporté, il ne le voulut jamais permettre; il fallut obéir
et le laisser entre les bras de mon jeune frère. Je courus
aux batteries faire tirer, afin de venger la perte de l'État
et la mienne. »

On jeta un manteau sur le corps du grand général et on
l'emporta.

« Les soldats faisaient des cris qui s'entendaient à
deux lieues, écrit Mme de Sévigné, aucune considération
ne les pouvait retenir; ils criaient qu'ils voulaient venger
la mort de leur père; qu'avec lui ils ne craignaient rien,
mais qu'ils sauraient bien le venger, qu'on les laissât faire,
qu'ils étaient furieux et qu'on les menât au combat. »

Montecuculli s'était un instant arrêté : « Il est mort
aujourd'hui un homme qui faisait honneur à l'homme, »
dit-il en se découvrant avec respect. Il se jeta cependant
sur l'arrière-garde de l'armée française qui se repliait sur
l'Alsace, et repassa le Rhin à Altenheim. La mort de Turenne équivalait à une défaite.

XXXIII

VERSIFICATION FRANÇAISE

Nº 1

. LES ROSES DE SAADI

J'ai voulu ce matin te rapporter des roses ;
Mais j'en avais tant pris dans mes ceintures closes
Que les nœuds trop serrés n'ont pu les contenir.

Les nœuds ont éclaté : les roses envolées,
Dans le vent, à la mer, s'en sont toutes allées ;
Elles ont suivi l'eau pour ne plus revenir.

La vague en a paru rouge et comme enflammée ;
Ce soir ma robe encore en est tout embaumée ;
Respires-en sur moi l'odorant souvenir.

Nº 2

LES FLEURS SANS PARFUM

Pourquoi leur refuser un bienveillant sourire ?
Pourquoi les comparer à ces froides beautés,
Sans esprit et sans cœur, dont l'éphémère empire
Ne survit pas un jour à leurs charmes vantés ?

Peut-être le parfum qu'en vain on cherche en elles
Est-il trop délicat pour venir à nos sens,
Et quand nous les blâmons d'être seulement belles,
Peut être que vers Dieu monte leur pur encens.

N° 3

PASTEL

J'aime à vous voir en vos cadres ovales,
Portraits jaunis des belles du vieux temps,
Tenant en main des roses un peu pâles,
Comme il convient à des fleurs de cent ans.

Le vent d'hiver, en vous touchant la joue,
A fait mourir vos œillets et vos lys;
Vous n'avez plus que des mouches de bouc,
Et sur les quais vous gisez tout salis.

. . . .

Vous, cependant, vieux portraits qu'on oublie,
Vous respirez vos bouquets sans parfums,
Et souriez avec mélancolie
Au souvenir de vos galants défunts.

Vers à terminer

Enfants. — Système. — Triomphants. — Emblème. —
Matin. — Euphonie. — Destin. — Harmonie. — Abhorré.
— Bistre. — Honoré. — Cuistre. — Paix. — Guerre. —
Épais. — Guère. — Sort. — Fortunée. — Tort. — Fanée. —
Méchant. — Hercule. — Couchant. — Recule. — Incarné.
— Aimable. — Dieudonné. — Diable.

XXXIV

LANGAGE FRANÇAIS

TUER LE MANDARIN

Par une erreur très généralement répandue, l'origine de cette expression est attribuée à divers philosophes du dix-huitième siècle.

On les cite de confiance et sans indiquer celui de leurs ouvrages qui renferme le texte de ce célèbre paradoxe, dont on ne trouve non plus aucune trace chez leurs devanciers.

Ce qui est certain, c'est que « l'*hypothèse du Mandarin* » est formulée et discutée dans le *Génie du Christianisme*, de Châteaubriand, livre VI, chapitre II.

DU REMORDS ET DE LA CONSCIENCE

« O conscience! Ne serais-tu qu'un fantôme de l'imagination ou la peur des châtiments des hommes?

» Je m'interroge; je me fais cette question :

» *Si tu pouvais, par un seul désir, tuer un homme à la Chine et hériter de sa fortune en Europe, avec la conviction surnaturelle qu'on n'en saurait jamais rien, consentirais-tu à former ce désir?* »

» J'ai beau m'exagérer mon indigence, j'ai beau vouloir atténuer cet homicide en supposant que, par mon souhait, le Chinois meurt tout à coup sans douleur, qu'il n'a point d'héritiers, que même à sa mort ses biens seront perdus pour l'État; j'ai beau me figurer cet étranger comme accablé de maladies, de chagrins; j'ai beau me dire que la mort est un bien pour lui, qu'il l'appelle lui-même, qu'il n'a plus qu'un instant à vivre; malgré mes vains subterfuges, j'entends au fond de mon cœur une voix qui crie si fortement contre la seule pensée d'une telle supposition, que je ne puis douter un instant de la réalité de la conscience. »

Les Mémoires du temps rapportent que les Frondeurs poursuivaient Mazarin de leurs chansons et de leurs quolibets. Dans l'un des *Pamphlets satiriques* publiés en 1648, on lança contre lui des menaces de mort; mais, pour conserver à ces attaques le côté comique, on modifia le nom de Mazarin, et certaine chanson finissait ainsi :

> Pour avoir du pain et du vin,
> Il faut *Tuer le mandarin.*

On trouve, dans certains passages de Pascal, le thème dont s'est inspiré l'auteur du *Génie du Christianisme*

XXXV

USAGES MONDAINS

AVOIR SON JOUR

On donnait primitivement le nom de *grands jours*, dans le comté de Champagne, aux assises solennelles que les comtes tenaient à Troyes à certains jours de l'année pour rendre justice. Dans la suite, ce nom s'étendit aux assises extraordinaires que les rois de France envoyaient tenir par leurs commissaires, ou tenaient eux-mêmes dans les provinces éloignées de la capitale. Les juges étaient tirés des Parlements. C'est le règne de François Ier qui offre le plus d'exemples de *grands jours*. Les derniers furent tenus en 1604, par Henri IV, dans le Quercy et le Limousin; en 1635, sous Louis XIII, à Poitiers; en 1665, à Clermont-Ferrand, sous Louis XIV.

Est-ce de là qu'est venu, pour les particuliers, la coutume d'avoir un jour pour recevoir toutes leurs visites? On disait : *Tenir ses grands jours*.

On lit dans le *Dictionnaire de Trévoux*, au mot JOUR :

« On dit qu'une personne tient *ses grands jours*, quand elle reçoit chez elle beaucoup de monde. »

Mais ce passage n'est pas suffisamment explicite, et paraît seulement renfermer une allusion à l'affluence des visiteurs chez certains personnages très occupés.

Depuis le commencement du dix-septième siècle, les salons ont été, en France, l'asile ouvert aux lettres, aux arts et à la politique. A cette époque, le salon de l'Hôtel de Rambouillet et celui de Mlle Paulet formaient les champs clos où les seigneurs et les beaux esprits venaient rompre des lances en faveur de Benserade ou de Voiture. La *Lionne*, surnom donné à Mlle Paulet, à cause de sa belle chevelure blonde, jouait du luth et chantait si bien qu'on trouva, dit un écrivain du temps, deux rossignols morts de jalousie sur le bord de sa fenêtre. La bourgeoisie se réunissait, place Royale, chez Mlle de Scudéry.

D'après plusieurs passages des *Lettres de Mme de Sévigné*, on voit clairement que les Lavardin, Mme de la Fayette, etc., *avaient leur jour* de réception pour les simples visites. La marquise dit elle-même : « Saint-Pavin avait fait, un jour, une épigramme sur *les vendredis*, qui étaient *le jour* qu'il me voyait chez l'abbé. »

Donc le *Bien Bon* ou l'abbé de Coulanges avait *son jour* de réception pour les simples visites, et ce jour était le vendredi.

Jusque-là, les lettres et les arts ont accès dans les sanctuaires. La politique n'y pénètre que plus tard. On la voit poindre sous la Fronde, avec les duchesses de Longueville et de Montbazon, et autour de ces astres supérieurs gravitent encore de nombreux satellites. On étudie les plans de campagne contre Mazarin, et on y chansonne sur tous les tons le cardinal italien.

Si la nuance s'est foncée pendant cette période, un coin du tableau est resté le même. En tout temps, chaque salon est présidé par une reine, une muse, qui a sa cour et ses courtisans. Toutefois, les temples ainsi consacrés aux lettres ou à la politique sont encore peu nombreux; les déesses, assurées d'un hommage, n'ont pas besoin de fixer le jour où les fidèles auront le privilège d'en franchir le seuil. Mlle de Scudéry seule a désigné à ses élus le samedi, les Samedis de Sapho; mais c'est un fait isolé qui ne peut servir d'origine à l'usage général d'*avoir son jour*.

On lit dans l'*Avertissement* de la *Menagia* :

« Il (Ménage) reçoit *tous les mercredis*. On sait depuis combien d'années il tenait son assemblée des *mercredis*, qu'il nommait sa *mercuriale*. »

Il est vrai que ces réceptions de Ménage avaient le caractère d'une réunion littéraire à jour fixe ; c'était plutôt une petite académie privée, d'après l'opinion de M. Adolphe Régnier. Telles nous apparaissent aussi ces espèces de matinées littéraires que nous représente M. Walckenaer dans son livre sur Mme de Sévigné.

Dans la comédie des *Précieuses ridicules*, représentée en 1659, on voit bien que Cathos et Madelon *ont leur jour* de réception, et que c'est en raison de ce choix d'un des jours de la semaine pour recevoir leurs visiteurs, que l'on voit se présenter chez elles le marquis de Mascarille et le vicomte de Jodelet. De même Élise, dans la *Critique de l'École des Femmes*, attend chez elle, sans l'avoir priée, la compagnie qui s'y donne rendez-vous.

URANIE. — Quoi ! cousine, personne ne t'est venu rendre visite ?

ÉLISE. — Personne du monde.

URANIE. — Vraiment, voilà qui m'étonne que nous ayons été seules l'une et l'autre tout aujourd'hui.

Sous le règne de Louis XIV, les salons perdent leur premier éclat ; Versailles absorbe tout. Le réveil ne s'annonce que sous la Régence et Louis XV.

En 1789, les idées nouvelles ont pénétré partout. Le club n'est pas né ; c'est dans les salons qu'on fomente le grand mouvement politique et social. Bien que l'ère soit féconde en génies et en talents, il y a dans chaque maison des hôtes communs et disputés, partant des rivalités, des luttes incessantes entre les fées du logis. Le choix d'un salon devient presque une injure pour la divinité délaissée. On transige cependant, et c'est de cet accord qu'est venu définitivement l'usage d'*avoir son jour*.

Mme Necker en a deux : le jeudi pour les grandes réceptions, le mardi pour les intimes. Condorcet, Delille,

Siéyès y représentent la science, les lettres, la politique. Mlle Necker, qui sera bientôt Mme de Staël, y jette ces mots nerveux, incisifs, qui feront plus tard la célébrité de son salon.

Rue de Tournon, la comtesse Fanny de Beauharnais a aussi ses jours. Son esprit, ses goûts littéraires attirent auprès d'elle les derniers survivants de la phalange poétique du dix-huitième siècle. La réunion est moins sérieuse que chez Mme Necker, et la politique n'a que le second rang. A leur exemple, chaque jour de la semaine, d'autres salons sont ouverts à jour fixe, et, à Florence, la comtesse d'Albany reçoit le mercredi. Sous les gouvernements qui vont se succéder rapidement, que la reine du salon se nomme Mme Tallien, Mme de Staël ou Mme Récamier, le même usage est consacré, et on est classé dans ses bonnes grâces suivant son assiduité.

La tradition du jour est restée, et cet usage mondain s'est développé. Des réunions, il s'est étendu aux visites, et il est passé dans les mœurs.

Voici quelques détails sur les phases successives qu'il a traversées jusqu'à nous.

Vers le milieu du dix-huitième siècle, la mode avait fixé certains jours et certaines heures pour les promenades; on ne se montrait qu'en grande toilette, dans le jardin du Palais-Royal, avant et après la représentation de l'Opéra. Dans le courant de la semaine, il n'y avait que les grands seigneurs, les gens riches, les financiers, les gros bourgeois, qui songeassent à prendre de la distraction. Tous les jours, le salon était ouvert, le carrosse attelé, la table mise. On recevait et on rendait des visites, on allait se promener en carrosse, on dînait ou on soupait avec ses amis, on passait la soirée dans les cercles à jouer ou à causer, sinon on se rendait au théâtre, c'est-à-dire à l'Opéra ou à la Comédie-française. Mais tout ce qui travaillait ou vivait bourgeoisement ne donnait que les dimanches et fêtes à la récréation et au plaisir.

L'Hôtel de Rambouillet avait inauguré les réceptions; mais elles paraissent avoir eu lieu tous les jours, au moins pendant un certain temps. Les ruelles et les assemblées, qui avaient tant d'attraits et de séductions pour la société polie et lettrée au commencement du règne de Louis XIV, disparurent successivement, jusqu'à la mort de Mlle de Scudéry, avec les personnes aimables et spirituelles qui en étaient l'ornement. Dans les dernières années du règne, il ne restait plus trace de ces réunions où l'esprit français avait brillé d'un si vif éclat, excepté dans quelques salons, dans ceux des hôtels de Bouillon, de Sully, de Nevers, à Paris, dans celui de la duchesse du Maine, au château de Sceaux.

La marquise de Lambert avait signé un bail à vie avec le marquis de Nevers, et avait pris possession d'une partie de cet hôtel si vaste en 1710, après la mort de son mari. Tous les mardis, son salon était ouvert aux grands seigneurs et aux grandes manières, aux beaux esprits et aux conversations morales et métaphysiques; tous les mercredis, on voyait affluer dans ce salon des gens de lettres, des académiciens et des artistes. Ces jours-là, l'entretien descendait des hauteurs de l'esthétique, et ne dédaignait pas de s'égarer librement dans les méandres de la nouvelle du jour et des questions à la mode. Ce furent les premières réunions des *Bureaux d'esprit*, qui eurent depuis tant de vogue à Paris.

Il y avait encore le salon de Falconet, médecin consultant du roi. Ces réunions furent appelées la *Messe des gens de lettres*, parce qu'elles avaient lieu régulièrement tous les dimanches dans la matinée.

Peu à peu, l'usage de réunir ses amis à jour fixe est devenu presque universel; mais il n'est pas resté, comme à son origine, une occasion de réunir les beaux esprits. *Avoir son jour*, c'est rester chez soi pour voir défiler dans son salon, pendant quelques heures, toutes ses connaissances, remplir, dans ce seul jour, tous les devoirs inséparables de la vie mondaine, et pouvoir, les six autres jours, recevoir ses amis sans risquer de les voir noyés dans le flot des indifférents.

Terminons par ces fragments de deux comédies modernes :

> .....Quoi ! vous traitez
> Mes dîners du *Lundi* de superfluités !
> Mais rien n'est plus utile, et sur cette matière,
> Vous êtes, mon ami, de cent ans en arrière ;
> Il faut avoir un jour fixe pour recevoir
> Ses prôneurs à dîner et ses amis le soir.

« Il est vrai que c'est aujourd'hui mon *jour*, et je ne sais trop pourquoi j'en ai un. C'est une mode qui a pour moi sa raison : nos mères laissaient leur porte ouverte... Chacun a son jour. C'est le moyen de se voir le moins possible, et quand on dit : « Je suis chez moi le mardi, » il est clair que c'est comme si l'on disait : « Le reste du temps, laissez-moi tranquille. »

XXXVI

SUPERSTITIONS

TREIZE A TABLE

Douze apôtres et le Christ étaient les convives de la *Cène*. Un traître se trouvait parmi eux. De là vient la superstition qu'un malheur plane sur la tête d'un des treize convives réunis à une table.

FIN

DES RÉPONSES ET SOLUTIONS DES PROBLÈMES ET QUESTIONS

TABLE GÉNÉRALE

PROBLÈMES ET QUESTIONS
SOLUTIONS ET RÉPONSES

4385-93. — CORBEIL. Imprimerie CRÉTÉ.

CONDITIONS DE VENTE ET D'ABONNEMENT

LE JOURNAL DE LA JEUNESSE paraît le samedi de chaque semaine. Le prix du numéro, comprenant 16 pages grand in-8°, est de 40 centimes.

Les 52 numéros publiés dans une année forment deux volumes.

Prix de chaque volume, broché, 10 francs; cartonné en percaline rouge, tranches dorées, 13 francs.

PRIX DE L'ABONNEMENT

POUR PARIS ET LES DÉPARTEMENTS

UN AN (2 volumes)............ .... **20 FRANCS**
SIX MOIS (1 volume)............... **10 —**

Prix de l'abonnement pour les pays étrangers qui font partie de l'Union générale des postes : Un an, 22 fr.; six mois, 11 fr.

Les abonnements se prennent à partir du 1ᵉʳ décembre et du 1ᵉʳ juin de chaque année.

MON JOURNAL

DOUZIÈME ANNÉE
(1892-1893)

Deuxième Série

NOUVEAU RECUEIL HEBDOMADAIRE

Illustré de nombreuses gravures en couleurs et en noir

A L'USAGE DES ENFANTS DE HUIT A DOUZE ANS

MON JOURNAL, à partir du 1er Octobre 1892, est devenu hebdomadaire de mensuel qu'il était, et convient à des enfants de 8 à 12 ans.

Il paraît un numéro le samedi de chaque semaine. — Prix du numéro, 15 centimes.

ABONNEMENTS :

FRANCE		UNION POSTALE	
Six mois.........	4 fr. 50	Six mois.........	5 fr. 50
Un an	8 fr. »	Un an	10 fr. »

Prix de l'année (1re série) : brochée, 2 fr. ; cartonnée en percaline gaufrée, avec fers spéciaux à froid, 2 fr. 50.

Les onze premières années de la première série de ce recueil forment onze beaux volumes grand in-8°, illustrés de nombreuses gravures. La première année est épuisée.

Prix de l'année, brochée, 2 fr.; cartonnée en percaline avec fers spéciaux à froid, 2 fr. 50.

Prix de l'emboîtage en percaline, pour les abonnés ou les acheteurs, 50 centimes.

NOUVELLE COLLECTION ILLUSTRÉE
POUR LA JEUNESSE ET L'ENFANCE
1ʳᵉ SÉRIE, FORMAT IN-8° JÉSUS

Prix du volume : broché, 7 fr. ; cartonné, tranches dorées, 10 fr.

About (Ed.) : *Le roman d'un brave homme.* 1 vol. illustré de 52 compositions par Adrien Marie.
— *L'homme à l'oreille cassée.* 1 vol. ill. de 61 compos. par Eug.Courboin.

Cahun (L.) : *Les aventures du capitaine Magon.* 1 vol. illustré de 72 gravures d'après Philippoteaux.
— *La bannière bleue.* 1 vol. illustré de 73 gravures d'après Lix.

Deslys (CHARLES) : *L'héritage de Charlemagne.* 1 vol. illustré de 120 gravures d'après Zier.

Dillaye (FR.) : *Les jeux de la jeunesse.* 1 vol. illustré de 203 grav.

Du Camp (MAXIME) : *La vertu en France.* 1 vol. ill. de 45 gr. d'après Ducz, Myrbach, Tofani et E.Zier.
— *Bons cœurs et braves gens.* 1 vol. illustré de 50 gr. d'après Myrbach et Tofani.

Fleuriot (Mˡˡᵉ Z.) : *Cœur muet.* 1 vol. ill. de grav. d'après Adrien Marie.
— *Papillonne.* 1 volume illustré de 50 gravures d'après E. Zier.

Guillemin (AMÉDÉE) : *La Pesanteur et la Gravitation universelle.* — *Le Son.* 1 vol. contenant 3 planches en couleurs, 23 planches en noir et 445 figures dans le texte.
La Lumière. 1 vol. contenant 13 planches en couleurs, 14 planches en noir et 353 figures dans le texte.

Guillemin (AMÉDÉE) (suite) : *Le Magnétisme et l'Electricité.* 1 vol. contenant 5 planches en couleurs, 15 planches en noir et 577 figures dans le texte.
— *La Chaleur.* 1 vol. contenant 1 planche en couleurs, 8 planches en noir et 324 gravures dans le texte.
— *La Météorologie et la Physique moléculaire.* 1 vol. contenant 9 planches en couleurs, 20 planches en noir et 343 gravures dans le texte.
— *Les Comètes.* 1 vol. ill. de 85 gr.

La Ville de Mirmont (H. DE) : *Contes Mythologiques.* 1 vol. illustré de 51 gravures.

Manzoni : *Les fiancés.* Édition abrégée par Mᵐᵉ J. Colomb. 1 vol. illustré de 40 gravures.

Mouton (EUG.) : *Vie et Aventures du Capitaine Marius Cougourdan.* 1 vol. ill. de 66 grav. d'après E. Zier.
— *Joël Kerbabu.* 1 vol. illustré de 55 gravures d'après A. Paris.

Rousselet (LOUIS) : *Nos grandes écoles militaires et civiles.* 1 vol. ill. de grav. d'après A. Lemaistre, Fr. Régamey et P. Renouard.

Witt (Mᵐᵉ de), née Guizot : *Les femmes dans l'histoire.* 1 vol. illustré de 80 gravures.
— *La charité en France à travers les siècles.* 1 vol. ill. de 50 gravures.

2ᵉ SÉRIE, FORMAT IN-8° RAISIN

Prix du volume : broché, 4 fr. ; cartonné, tranches dorées, 6 fr.

Assollant (A.) : *Montluc le Rouge.* 2 vol. avec 107 grav. d'après Sahib.
— *Pendragon.* 1 vol. avec 42 gravures d'après C. Gilbert.

Blandy (Mᵐᵉ S.) : *Rouzétou.* 1 vol. illustré de 112 gravures d'après E. Zier.
— *La part du Cadet.* 1 vol. illustré de 112 gravures d'après Zier.

Cahun (L.) : *Les mercenaires.* 1 vol. avec 54 gravures d'après P. Fritel.

Chéron de la Bruyère (Mᵐᵉ) : *La tante Derbier.* 1 vol. illustré de 50 gravures d'après Myrbach.
— *Princesse Rosalba.* 1 vol. illustré de 60 gravures d'après Tofani.

Colomb (Mᵐᵉ) : *Le violoneux de la sapinière.* 1 vol. avec 85 gravures d'après A. Marie.
— *La fille de Carilès.* 1 vol. avec 96 grav. d'après A. Marie.
Ouvrage couronné par l'Académie française.

Colomb (Mme) (suite) : *Deux mères.* 1 vol. avec 133 gr. d'après A. Marie.
— *Le bonheur de Françoise.* 1 vol. avec 112 grav. d'après A. Marie.
— *Chloris et Jeanneton.* 1 vol. avec 105 gravures d'après Sahib.
— *L'héritière de Vauclain.* 1 vol. avec 104 grav. d'après C. Delort.
— *Franchise.* 1 vol. avec 113 gravures d'après C. Delort.
— *Feu de paille.* 1 vol. avec 98 grav. d'après Tofani.
— *Les étapes de Madeleine.* 1 vol. avec 105 grav. d'après Tofani.
— *Denis le tyran.* 1 vol. avec 115 gravures d'après Tofani.
— *Pour la muse.* 1 vol. avec 105 gravures d'après Tofani.
— *Pour la patrie.* 1 vol. avec 112 gravures d'après E. Zier.
— *Hervé Plémeur.* 1 vol. avec 112 gravures d'après E. Zier.
— *Jean l'innocent.* 1 vol. illustré de 112 gravures d'après Zier.
— *Danielle.* 1 vol. illustré de 112 gravures d'après Tofani.
— *Les révoltes de Sylvie.* 1 vol. avec 112 gravures d'après Tofani.
— *Mon oncle d'Amérique.* 1 vol. illustré de 112 grav. d'après Tofani.
— *La Fille des Bohémiens.* 1 vol. ill. de 12 grav. d'après S. Reichan.
— *Les conquêtes d'Hermine.* 1 vol. ill. de 112 grav. d'après Th. Vogel.
— *Hélène Corianis.* 1 vol. illustré de 80 gravures d'après A. Moreau.
Cortambert (E.) : *Voyage pittoresque à travers le monde.* 1 vol. avec 81 gravures.
Cortambert et Deslys : *Le pays du soleil.* 1 vol. avec 35 gravures.
Daudet (E.) : *Robert Darnetal.* 1 vol. avec 81 grav. d'après Sahib.
Demoulin (Mme G.) : *Les animaux étranges.* 1 vol. avec 172 gravures.
Deslys (Ch.) : *Courage et dévouement.* Histoire de trois jeunes filles. 1 vol. avec 31 gravures d'après Lix et Gilbert.
— *L'Ami François.* 1 vol. avec 35 gr.
— *Nos Alpes,* avec 39 gravures d'après J. David.
— *La mère aux chats.* 1 vol. avec 50 gravures d'après H. David.

Dillaye (Fr.) : *La filleule de saint Louis.* 1 v. avec 39 g. d'après E. Zier.
Énault (L.) : *Le chien du capitaine.* 1 vol. avec 43 gr. d'après E. Riou.
Erwin (Mme E. d') : *Heur et malheur.* 1 vol. avec 50 gravures d'après H. Castelli.
Fath (G.) : *Le Paris des enfants.* 1 vol. avec 60 gr. d'après l'auteur.
Fleuriot (Mlle Z.) : *M. Nostradamus.* 1 vol. avec 36 gr. d'après A. Marie.
— *La petite duchesse.* 1 vol. avec 73 gravures d'après A. Marie.
— *Grandcœur.* 1 vol. avec 45 gravures d'après C. Delort.
— *Raoul Daubry, chef de famille.* 1 vol. avec 32 gr. d'après C. Delort.
— *Mandarine.* 1 vol. avec 95 gravures d'après C. Delort.
— *Cadok.* 1 vol. avec 24 gravures d'après C. Gilbert.
— *Céline.* 1 vol. avec 102 grav. d'après G. Fraipont.
— *Feu et flamme.* 1 vol. avec 80 gravures d'après Tofani.
— *Le clan des têtes chaudes.* 1 vol. illustré de 65 gr. d'après Myrbach.
— *Au Galadoc.* 1 vol. illustré de 60 gravures d'après Zier.
— *Les premières pages.* 1 vol. avec 75 gravures d'après Adrien Marie.
— *Rayon de soleil.* 1 vol. illustré de 10 gravures d'après Mencina Kresz.
Girardin (J.) : *Les braves gens.* 1 v. avec 115 gr. d'après E. Bayard. Ouvrage couronné par l'Académie française.
— *Nous autres.* 1 vol. avec 182 gravures d'après E. Bayard.
— *Fausse route.* 1 vol. avec 55 grav. d'après H. Castelli.
— *La toute petite.* 1 vol. avec 128 gravures d'après E. Bayard.
— *L'oncle Placide.* 1 vol. avec 139 gravures d'après A. Marie.
— *Le neveu de l'oncle Placide.* 3 vol. illustrés de 367 gravures d'après A. Marie, qui se vendent séparément.
— *Grand-père.* 1 vol. avec 91 gravures d'après C. Delort. Ouvrage couronné par l'Académie française.

Girardin (J.) (suite) : *Maman.* 1 vol.
avec 112 gravures d'après Tofani.
— *Le roman d'un cancre.* 1 vol. avec
119 gravures d'après Tofani.
— *Les millions de la tante Zézé.*
1 vol. avec 112 grav. d'après Tofani.
— *La famille Gaudry.* 1 vol. avec
112 gravures d'après Tofani.
— *Histoire d'un Berrichon.* 1 vol.
avec 112 gravures d'après Tofani.
— *Le capitaine Bassinoire.* 1 vol.
illustré de 119 gravures d'après
Tofani.
— *Second violon.* 1 vol. illustré de
112 gravures d'après Tofani.
— *Le fils Valansé.* 1 vol. avec 112
gravures d'après Tofani.
— *Le commis de M. Bouvat.* 1 vol.
illustré de 119 gr. d'après Tofani.

Giron (Aimé) : *Les trois rois mages.*
1 vol. illustré de 60 gravures d'après
Fraipont et Pranishnikoff.

Gouraud (Mlle J.) : *Cousine Marie.*
1 vol. avec 36 gravures d'après
A. Marie.

Meyer (Henri) : *Les Jumeaux de
la Bouzarague.* 1 vol. illustré de
9 gravures d'après Tofani.

Nanteuil (Mme P. de) : *Capitaine.*
1 vol. illustré de 72 gravures
d'après Myrbach.
Ouvrage couronné par l'Académie française.
— *Le général Du Maine.* 1 vol. avec
70 gravures d'après Myrbach.
— *L'épave mystérieuse.* 1 volume
illustré de 80 gr. d'après Myrbach.
Ouvrage couronné par l'Académie française.
— *En esclavage.* 1 vol. illustré
de 80 gravures d'après Myrbach.
— *Une poursuite.* 1 vol. illustré de
57 gravures d'après Alfred Paris.
— *Le secret de la grève.* 1 vol. ill.
de 50 gr. d'après A. Paris.

Rousselet (L.) : *Le charmeur de ser-
pents.* 1 vol. avec 68 gravures d'a-
près A. Marie.
— *Le Fils du Connétable.* 1 vol. avec
113 grav. d'après Pranishnikoff.

Rousselet (L.) (suite) : *Les deux
mousses.* 1 vol. avec 90 gravures
d'après Sahib.
— *Le tambour du Royal-Auvergne.*
1 vol. avec 115 gr. d'après Poirson.
— *La peau du tigre.* 1 vol. avec
102 gr. d'après Bellecroix et Tofani.

Saintine : *La nature et ses trois
règnes,* ou la mère Gigogne et ses
trois filles. 1 vol. avec 171 gravures
d'après Foulquier et Faguet.
— *La mythologie du Rhin et les
contes de la mère-grand.* 1 vol.
avec 160 gravures d'après G. Doré.

Schultz (Mlle Jeanne) : *Tout droit.*
1 vol. ill. de 112 gr. d'après E. Zier.
— *La famille Hamelin.* 1 vol. ill. de
84 gravures d'après E. Zier.
— *Sauvons Madelon!* 1 vol. illustré
de 60 gravures d'après Tofani.

Stany (Le Cte) : *Les Trésors de la
Fable.* 1 vol. illustré de 80 gravures d'après E. Zier.

Tissot et Améro : *Aventures de
trois fugitifs en Sibérie.* 1 vol.
avec 72 gr. d'après Pranishnikoff.

Witt (Mme de), née Guizot : *Scènes
historiques.* 1re série. 1 vol. avec
18 gravures d'après E. Bayard.
— *Scènes historiques.* 2e série. 1 vol.
avec 28 gravures d'après A. Marie.
— *Lutin et démon.* 1 vol. avec 36
gravures d'après Pranishnikoff et
E. Zier.
— *Normands et Normandes.* 1 vol.
avec 70 gravures d'après E. Zier.
— *Un jardin suspendu.* 1 vol. avec
39 gravures d'après C. Gilbert.
— *Notre-Dame Guesclin.* 1 vol. avec
70 gravures d'après E. Zier.
— *Une sœur.* 1 vol. avec 65 gravures
d'après E. Bayard.
— *Légendes et récits pour la jeunesse.* 1 vol. avec 18 gravures d'a-
près Philippoteaux.
— *Un nid.* 1 vol. avec 63 gravures
d'après Ferdinandus.
— *Un patriote au quatorzième siècle.*
1 v. ill. de gravures d'après E. Zier.
— *Alsaciens et Alsaciennes.* 1 vol.
illustré de 60 gravures d'après
A. Moreau et E. Zier.

BIBLIOTHÈQUE DES PETITS ENFANTS
DE 4 A 8 ANS
FORMAT GRAND IN-16
CHAQUE VOLUME, BROCHÉ, 2 FR. 25
CARTONNÉ EN PERCALINE BLEUE, TRANCHES DORÉES, 3 FR. 50
Ces volumes sont imprimés en gros caractères.

Chéron de la Bruyère (Mme): *Contes à Pépée.* 1 vol. avec 24 gravures d'après Grivaz.
— *Plaisirs et aventures.* 1 vol. avec 30 gravures d'après Jeanniot.
— *La perruque du grand-père.* 1 vol. illustré de 30 gr. d'après Tofani.
— *Les enfants de Doisfleuri.* 1 vol. ill. de 30 grav. d'après Somechini.
— *Les vacances à Trouville.* 1 vol. avec 40 gravures d'après Tofani.
— *Le château du Roc-Salé.* 1 vol. illustré de 30 gr. d'après Tofani.
— *Les enfants du capitaine.* 1 vol. ill. de 30 grav. d'après Geoffroy.
Desgranges (Guillemette) : *Le chemin du collège.* 1 vol. illustré de 30 gravures d'après Tofani.
— *La famille Le Jarriel.* 1 vol. illustré de 36 gr. d'après Geoffroy.
Duporteau (Mme) : *Petits récits.* 1 vol. avec 28 gr. d'après Tofani.
Erwin (Mme E. d') : *Un été à la campagne.* 1 vol. avec 39 grav. d'après Sahib.
Favre : *L'épreuve de Georges.* 1 vol. avec 44 gravures d'après Geoffroy.
Franck (Mme E.) : *Causeries d'une grand'mère.* 1 vol. avec 72 gravures d'après C. Delort.
Fresneau (Mme), née de Ségur: *Une année du petit Joseph.* Imité de l'anglais. 1 vol. avec 67 gravures d'après Jeanniot.
Girardin (J.) : *Quand j'étais petit garçon.* 1 vol. avec 52 gravures d'après Ferdinandus.
— *Dans notre classe.* 1 vol. avec 26 gravures d'après Jeanniot.
— *Un drôle de Bonhomme.* 1 vol. illustré de 36 grav. d'après Geoffroy.
Le Roy (Mme F.): *L'aventure de Petit Paul.* 1 vol. illustré de 45 gravures, d'après Ferdinandus.
— *Les étourderies de Mlle Lucie.* 1 vol. ill. de 30 gr. d'après Robaudi.

Le Roy (Mme F.) (suite): *Pipo.* 1 vol. ill. de 36 gr. d'après Moncina Kresz.
Molesworth (Mme) : *Les aventures de M. Baby,* traduit de l'anglais par Mme de Witt. 1 vol. avec 12 gravures d'après W. Crane.
Pape-Carpantier (Mme) : *Nouvelles histoires et leçons de choses.* 1 vol. avec 42 grav. d'après Somechini.
Surville (André) : *Les grandes vacances.* 1 vol. avec 30 gravures d'après Somechini.
— *Les amis de Berthe.* 1 vol. avec 30 gravures d'après Ferdinandus.
— *La petite Givonnette.* 1 vol. illustré de 34 gravures d'après Grigny.
— *Fleur des champs.* 1 vol. illustré de 32 gravures d'après Zier.
— *La vieille maison du grand-père.* 1 vol. avec 34 gravures d'après Zier.
— *La fête de Saint-Maurice.* 1 vol. illustré de 34 grav. d'après Tofani.
Witt (Mme de), née Guizot : *Histoire de deux petits frères.* 1 vol. avec 45 grav. d'après Tofani.
— *Sur la plage.* 1 vol. avec 55 gravures d'après Ferdinandus.
— *Par monts et par vaux.* 1 vol. avec 54 grav. d'après Ferdinandus.
— *Vieux amis.* 1 vol. avec 60 gravures d'après Ferdinandus.
— *En pleins champs.* 1 vol. avec 45 gravures d'après Gilbert.
— *Petite.* 1 vol. avec 56 gravures d'après Tofani.
— *A la montagne.* 1 vol. illustré de 5 gravures d'après Ferdinandus.
— *Deux tout petits.* 1 vol. illustré de 32 gravures d'après Ferdinandus.
— *Au-dessus du lac.* 1 vol. avec 44 grav.
— *Les enfants de la tour du Roc.* 1 vol. ill. de 56 gr. d'après E. Zier.
— *La petite maison dans la forêt.* 1 vol. illustré de 36 grav. d'après Robaudi.
— *Histoire de bêtes.* 1 vol illustré de 34 gravures d'après Bouisset.

BIBLIOTHÈQUE ROSE ILLUSTRÉE

FORMAT IN-16

CHAQUE VOLUME, BROCHÉ, 2 FR. 25

CARTONNÉ EN PERCALINE ROUGE, TRANCHES DORÉES, 3 FR. 50

Iʳᵉ SÉRIE, POUR LES ENFANTS DE 4 A 8 ANS

Anonyme : *Chien et chat,* traduit de l'anglais. 1 vol. avec 45 gravures d'après E. Bayard.

— *Douze histoires pour les enfants de quatre à huit ans,* par une mère de famille. 1 vol. avec 8 gravures d'après Bertall.

— *Les enfants d'aujourd'hui,* par le même auteur. 1 vol. avec 40 gravures d'après Bertall.

Carraud (Mᵐᵉ) : *Historiettes véritables,* pour les enfants de quatre à huit ans. 1 vol. avec 94 gravures d'après G. Fath.

Fath (G.) : *La sagesse des enfants,* proverbes. 1 vol. avec 100 gravures d'après l'auteur.

Laroque (Mᵐᵉ) : *Grands et petits.* 1 vol. avec 61 gravures d'après Bertall.

Marcel (Mᵐᵉ J.) : *Histoire d'un cheval de bois.* 1 vol. avec 20 gravures d'après E. Bayard.

Pape-Carpantier (Mᵐᵉ) : *Histoire et leçons de choses pour les enfants.* 1 vol. avec 85 gravures d'après Bertall.

Ouvrage couronné par l'Académie française.

Perrault, MMᵐᵉˢ d'Aulnoy et Leprince de Beaumont : *Contes de fées.* 1 vol. avec 65 gravures d'après Bertall et Forest.

Porchat (J.) : *Contes merveilleux.* 1 vol. avec 21 gravures d'après Bertall.

Schmid (Le chanoine) : 190 *contes pour les enfants,* traduits de l'allemand par André Van Hasselt. 1 vol. avec 29 gravures d'après Bertall.

Ségur (Mᵐᵉ la comtesse de) : *Nouveaux contes de fées.* 1 vol. avec 46 gravures d'après Gustave Doré et H. Didier.

IIᵉ SÉRIE, POUR LES ENFANTS DE 8 A 14 ANS

Achard (A.) : *Histoire de mes amis.* 1 vol. avec 25 gravures d'après Bellecroix.

Alcott (Miss) : *Sous les lilas,* traduit de l'anglais par Mᵐᵉ S. Lepage. 1 vol. avec 23 gravures.

Andersen : *Contes choisis,* traduit du danois par Soldi. 1 vol. avec 40 gravures d'après Bertall.

Anonyme : *Les fêtes d'enfants,* scènes et dialogues. 1 vol. avec 41 gravures d'après Foulquier.

Assollant (A.) : *Les aventures mer-veilleuses mais authentiques du capitaine Corcoran.* 2 vol. avec 50 gravures, d'après A. de Neuville.

Barrau (Th.) : *Amour filial.* 1 vol. avec 41 gravures d'après Ferogio.

Bawr (Mme de) : *Nouveaux contes.* 1 vol. avec 40 grav. d'après Bertall. Ouvrage couronné par l'Académie française.

Belèze : *Jeux des adolescents.* 1 vol. avec 140 gravures.

Berquin : *Choix de petits drames et de contes.* 1 vol. avec 36 gravures d'après Foulquier, etc.

Berthet (E.) : *L'enfant des bois.* 1 vol. avec 61 gravures.

— *La petite Chailloux.* 1 vol. illustré de 41 gravures d'après É. Bayard et G. Fraipont.

Blanchère (De la) : *Les aventures de la Ramée.* 1 vol. avec 36 gra-vures d'après E. Forest.

— *Oncle Tobie le pécheur.* 1 vol. avec 80 gr. d'après Foulquier et Mesnel.

Boiteau (P.) : *Légendes recueillies ou composées pour les enfants.* 1 vol. avec 42 gravures d'après Bertall.

Carpentier (Mlle E.) : *La maison du bon Dieu.* 1 vol. avec 58 gravures d'après Riou.

— *Sauvons-le !* 1 vol. avec 60 gra-vures d'après Riou.

— *Le secret du docteur,* ou la maison fermée. 1 vol. avec 43 gravures d'après P. Girardet.

— *La tour du preux.* 1 vol. avec 59 gravures d'après Tofani.

— *Pierre le Tors.* 1 vol. avec 64 gra-vures d'après Zier.

— *La dame bleue.* 1 vol. illustré de 49 gravures d'après E. Zier.

Carraud (Mme Z.) : *La petite Jeanne,* ou le devoir. 1 vol. avec 21 gra-vures d'après Forest. Ouvrage couronné par l'Académie française.

Carraud (Mme Z.) (suite) : *Les goû-ters de la grand'mère.* 1 vol. avec 18 gravures d'après É. Bayard.

— *Les métamorphoses d'une goutte d'eau.* 1 vol. avec 50 gravures d'après É. Bayard.

Castillon (A.) : *Les récréations physiques.* 1 vol. avec 36 gravures d'après Castelli.

— *Les récréations chimiques,* faisant suite au précédent. 1 vol. avec 34 gravures d'après H. Castelli.

Cazin (Mme J.) : *Les petits monta-gnards.* 1 vol. avec 51 gravures d'après G. Vuillier.

— *Un drame dans la montagne.* 1 vol. avec 33 grav. d'après G. Vuillier.

— *Histoire d'un pauvre petit.* 1 vol. avec 40 gravures d'après Tofani.

— *L'enfant des Alpes.* 1 vol. avec 33 gravures d'après Tofani.

— *Perlette.* 1 vol. illustré de 54 gra-vures d'après Myrbach.

— *Les saltimbanques.* 1 vol. avec 66 gravures d'après Girardet.

— *Le petit chevrier.* 1 vol. illustré de 39 gravures d'après VUILLIER.

— *Jean le Savoyard.* 1 vol. illustré de 51 gravures d'après Slom.

Chabreul (Mme de) : *Jeux et exer-cices des jeunes filles.* 1 vol. avec 62 gravures d'après Fath, et la musique des rondes.

Chéron de la Bruyère (Mme) : *Autour d'un bateau.* 1 vol. illustré de 36 gravures d'après E. Zier.

Colet (Mme L.) : *Enfances célèbres.* 1 vol. avec 57 grav. d'après Foulquier.

Colomb (Mme J.) : *Souffre-Douleur.* 1 vol. illustré de 49 gravures d'après Mlle Marcelle Lancelot.

Contes anglais, traduits par Mme de Witt. 1 vol. avec 43 gravures d'après Morin.

Deschamps (François) : *Mon amie Georgette.* 1 vol. illustré de 43 gra-vures d'après Robaudi.

Deslys (Ch.) : *Grand'maman.* 1 vol. avec 29 gravures d'après E. Zier.

Edgeworth (Miss) : *Contes de l'adolescence*, traduits par A. Le François. 1 vol. avec 42 gravures d'après Morin.

— *Contes de l'enfance*, traduits par le même. 1 vol. avec 26 gravures d'après Foulquier.

— *Demain*, suivi de *Mourad le malheureux*, contes traduits par H. Jousselin. 1 vol. avec 55 grav. d'après Bertall.

Fath (G.) : *Bernard, la gloire de son village*. 1 vol. avec 56 gravures d'après Mᵐᵉ G. Fath.
Ouvrage couronné par l'Académie française.

Fleuriot (Mˡˡᵉ) : *Le petit chef de famille*. 1 vol. avec 57 gravures d'après H. Castelli.

— *Plus tard*, ou Le jeune chef de famille. 1 vol. avec 60 gravures d'après É. Bayard.

— *L'enfant gâté*. 1 vol. avec 48 gravures d'après Ferdinandus.

— *Tranquille et Tourbillon*. 1 vol. avec 45 grav. d'après C. Delort.

— *Cadette*. 1 vol. avec 52 gravures d'après Tofani.

— *En congé*. 1 vol. avec 61 gravures d'après Ad. Marie.

— *Bigarrette*. 1 vol. avec 48 gravures d'après Ad. Marie.

— *Bouche-en-Cœur*. 1 vol. avec 45 gravures d'après Tofani.

— *Gildas l'intraitable*. 1 vol. avec 56 gravures d'après E. Zier.

— *Parisiens et Montagnards*. 1 vol. avec 49 gravures d'après E. Zier.

Foë (de) : *La vie et les aventures de Robinson Crusoé*, traduit de l'anglais. 1 vol. avec 40 gravures.

Fonvielle (W. de) : *Néridah*. 2 vol. avec 45 gravures d'après Sahib.

Fresneau (Mᵐᵉ), née de Ségur : *Comme les grands!* 1 vol. illustré de 46 gravures d'après Ed. Zier.

— *Thérèse à Saint-Domingue*. 1 vol. avec 49 gravures d'après Tofani.

— *Les protégés d'Isabelle*. 1 vol. illustré de 42 grav. d'après Tofani.

Fresneau (Mᵐᵉ), née de Ségur (suite): *Deux abandonnées*. 1 vol. illustré de 2 gravures d'après M. Orange.

Froment (Pierre) : *Petit-Prince*. 1 vol. illustré de 36 grav. d'après Robaudi.

Genlis (Mᵐᵉ de) : *Contes moraux*. 1 v. avec 40 grav. d'après Foulquier, etc.

Gérard (A.) : *Petite Rose*. — *Grande Jeanne*. 1 vol. avec 28 gravures d'après Gilbert.

Girardin (J.) : *La disparition du grand Krause*. 1 vol. avec 70 gravures d'après Kauffmann.

Giron (A.) : *Ces pauvres petits*. 1 vol. avec 22 grav. d'après B. Nouvel.

Gouraud (Mˡˡᵉ J.) : *Les enfants de la ferme*. 1 vol. avec 59 grav. d'après E. Bayard.

— *Le livre de maman*. 1 vol. avec 68 grav. d'après E. Bayard.

— *Cécile, ou la petite sœur*. 1 vol. avec 26 grav. d'après Desandré.

— *Lettres de deux poupées*. 1 vol. avec 50 gravures d'après Olivier.

— *Le petit colporteur*. 1 vol. avec 27 grav. d'après A. de Neuville.

— *Les mémoires d'un petit garçon*. 1 vol. avec 86 grav. d'après E. Bayard.

— *Les mémoires d'un caniche*. 1 vol. avec 75 grav. d'après E. Bayard.

— *L'enfant du guide*. 1 vol. avec 60 gravures d'après E. Bayard.

— *Petite et grande*. 1 vol. avec 48 gravures d'après E. Bayard.

— *Les quatre pièces d'or*. 1 vol. avec 54 gravures d'après E. Bayard.

— *Les deux enfants de Saint-Domingue*. 1 vol. avec 54 gravures d'après E. Bayard.

— *La petite maîtresse de maison*. 1 vol. avec 37 grav. d'après Marie.

— *Les filles du professeur*. 1 vol. avec 36 grav. d'après Kauffmann.

— *La famille Harel*. 1 vol. avec 44 gravures d'après Valnay.

— *Aller et retour*. 1 vol. avec 40 gravures d'après Ferdinandus.

Gouraud (Mlle J.) (suite) : *Les petits voisins.* 1 vol. avec 39 gravures d'après C. Gilbert.

— *Chez grand'mère.* 1 vol. avec 98 grav. d'après Tofani.

— *Le petit bonhomme.* 1 vol. avec 45 grav. d'après A. Ferdinandus.

— *Le vieux château.* 1 vol. avec 28 gravures d'après E. Zier.

— *Pierrot.* 1 vol. avec 31 gravures d'après E. Zier.

— *Minette.* 1 vol. illustré de 52 gravures d'après Tofani.

— *Quand je serai grande!* 1 vol. avec 60 gravures d'après Ferdinandus.

Grimm (Les frères) : *Contes choisis,* traduits par Ferd. Baudry. 1 vol. avec 40 gravures d'après Bertall.

Hauff : *La caravane,* traduit par A. Talon. 1 vol. avec 40 gravures d'après Bertall.

— *L'auberge du Spessart,* traduit par A. Talon. 1 vol. avec 61 gravures d'après Bertall.

Hawthorne : *Le livre des merveilles,* traduit de l'anglais par L. Rabillon. 2 vol. avec 40 gravures d'après Bertall.

Hebel et Karl Simrock : *Contes allemands,* traduits par M. Martin. 1 vol. avec 27 grav. d'après Bertall.

Johnson (R. B.) : *Dans l'extrême Far West,* traduit de l'anglais par A. Talandier. 1 vol. avec 20 gravures d'après A. Marie.

Marcel (Mme J.) : *L'école buissonnière.* 1 vol. avec 20 gravures d'après A. Marie.

— *Le bon frère.* 1 vol. avec 21 gravures d'après E. Bayard.

— *Les petits vagabonds.* 1 vol. avec 25 gravures d'après E. Bayard.

— *Histoire d'une grand'mère et de son petit-fils.* 1 vol. avec 36 gravures d'après C. Delort.

— *Daniel.* 1 vol. avec 45 gravures d'après Gilbert.

— *Le frère et la sœur.* 1 vol. avec 45 gravures d'après E. Zier.

Marcel (Mme J.) (suite) : *Un bon gros pataud.* 1 vol. avec 45 gravures d'après Jeanniot.

— *L'oncle Philibert.* 1 vol. illustré de 56 grav. d'après Fr. Régamey.

Maréchal (Mlle M.) : *La dette de Ben-Aïssa.* 1 vol. avec 20 gravures d'après Bertall.

— *Nos petits camarades.* 1 vol. avec 18 gravures d'après E. Bayard et H. Castelli, etc.

— *La maison modèle.* 1 vol. avec 42 gravures d'après Sahib.

Marmier (X.) : *L'arbre de Noël.* 1 vol. avec 68 grav. d'après Bertall.

Martignat (Mlle de) : *Les vacances d'Élisabeth.* 1 vol. avec 36 gravures d'après Kauffmann.

— *L'oncle Boni.* 1 vol. avec 42 gravures d'après Gilbert.

— *Ginette.* 1 vol. avec 50 gravures d'après Tofani.

— *Le manoir d'Yolan.* 1 vol. avec 56 gravures d'après Tofani.

— *Le pupille du général.* 1 vol. avec 40 gravures d'après Tofani.

— *L'héritière de Maurivèze.* 1 vol. avec 39 grav. d'après Poirson.

— *Une vaillante enfant.* 1 vol. avec 43 gravures par Tofani.

— *Une petite-nièce d'Amérique.* 1 vol. avec 43 gravures d'après Tofani.

— *La petite fille du vieux Thémi.* 1 vol. illustré de 42 gravures d'après Tofani.

Mayne-Reid (Le capitaine) : *Les chasseurs de girafes,* traduit de l'anglais par H. Vattemare. 1 vol. avec 10 grav. d'après A. de Neuville.

— *A fond de cale,* traduit par Mme H. Loreau. 1 vol. avec 12 gravures.

— *A la mer!* traduit par Mme H. Loreau. 1 vol. avec 12 gravures.

— *Bruin, ou les chasseurs d'ours,* traduit par A. Letellier. 1 vol. avec 8 grandes gravures.

— *Le chasseur de plantes,* traduit par Mme H. Loreau. 1 vol. avec 29 gravures.

Mayne-Reid (Le capitaine) (suite) : *Les exilés dans la forêt*, traduit par Mᵐᵉ H. Loreau. 1 vol. avec 12 gravures.

— *L'habitation du désert*, traduit par A. Le François. 1 vol. avec 24 gravures.

— *Les grimpeurs de rochers*, traduit par Mᵐᵉ H. Loreau. 1 vol. avec 20 gravures.

— *Les peuples étranges*, traduit par Mᵐᵉ H. Loreau. 1 vol. avec 24 gravures.

— *Les vacances des jeunes Boërs*, traduit par Mᵐᵉ H. Loreau. 1 vol. avec 12 gravures.

— *Les veillées de chasse*, traduit par H.-B. Révoil. 1 vol. avec 43 gravures d'après Freeman.

— *La chasse au Léviathan*, traduit par J. Girardin. 1 vol. avec 51 gravures d'après A. Ferdinandus et Th. Weber.

— *Les naufragés de la Calypso*. 1 vol. traduit par Mᵐᵉ Gustave Demoulin et illustré de 55 gravures d'après Pranishnikoff.

Meyners d'Estrey (Cte) : *Voyages et aventures de Gérard Hendriks*. 1 vol. illustré de 15 grav. d'après Mᵐᵉ P. Crampel.

— *Le pays des diamants*. 1 vol. illustré de 36 gravures d'après E. Riou.

Moussac (Mᵐᵉ la marquise de) : *Popo et Lili ou les deux jumeaux*. 1 vol. illustré de 58 gravures d'après E. Zier.

Muller (E.) : *Robinsonnette*. 1 vol. avec 22 gravures d'après Lix.

Ouida : *Le petit comte*. 1 vol. avec 34 gravures d'après G. Vuillier, Tofani, etc.

Peyronny (Mᵐᵉ de), née d'Isle : *Deux cœurs dévoués*. 1 vol. avec 53 gravures d'après J. Devaux.

Pitray (Mᵐᵉ de) : *Les enfants des Tuileries*. 1 vol. avec 29 gravures d'après E. Bayard.

— *Les débuts du gros Philéas*. 1 vol. avec 57 gravures d'après H. Castelli.

Pitray (Mᵐᵉ de) (suite) : *Le château de la Pétaudière*. 1 vol. avec 78 gravures d'après A. Marie.

— *Le fils du maquignon*. 1 vol. avec 65 grav. d'après Riou.

— *Petit Monstre et Poule Mouillée*. 1 vol. avec 66 grav. par E. Girardet.

— *Robin des Bois*. 1 vol. illustré de 40 gravures d'après Sirouy.

— *L'usine et le château*. 1 vol. illustré de 44 grav. d'après Robaudi.

— *L'arche de Noé*. 1 vol. illustré de 40 gravures d'après Robaudi.

Rendu (V.) : *Mœurs pittoresques des insectes*. 1 vol. avec 49 grav.

Rostoptchine (Mᵐᵉ la comtesse) : *Belle, Sage et Bonne*. 1 vol. avec 39 gravures d'après Ferdinandus.

Sandras (Mᵐᵉ) : *Mémoires d'un lapin blanc*. 1 vol. avec 20 gravures d'après E. Bayard.

Sannois (Mˡˡᵉ la comtesse de) : *Les soirées à la maison*. 1 vol. avec 42 gravures d'après E. Bayard.

Ségur (Mᵐᵉ la comtesse de) : *Après la pluie, le beau temps*. 1 vol. avec 128 grav. d'après E. Bayard.

— *Comédies et proverbes*. 1 vol. avec 60 gravures d'après E. Bayard.

— *Diloy le chemineau*. 1 vol. avec 90 gravures d'après H. Castelli.

— *François le bossu*. 1 vol. avec 114 gravures d'après E. Bayard.

— *Jean qui grogne et Jean qui rit*. 1 vol. avec 70 grav. d'après Castelli.

— *La fortune de Gaspard*. 1 vol. avec 52 gravures d'après Gerlier.

— *La sœur de Gribouille*. 1 vol. avec 72 grav. d'après H. Castelli.

— *Pauvre Blaise!* 1 vol. avec 65 gravures d'après H. Castelli.

— *Quel amour d'enfant!* 1 vol. avec 79 gravures d'après E. Bayard.

— *Un bon petit diable*. 1 vol. avec 100 gravures d'après H. Castelli.

— *Le mauvais génie*. 1 vol. avec 90 gravures d'après E. Bayard.

— *L'auberge de l'Ange-Gardien*. 1 vol. avec 75 grav. d'après Foulquier.

— *Le général Dourakine*. 1 vol. avec 100 gravures d'après E. Bayard.

Ségur (Mme la comtesse de) (suite) : *Les bons enfants*. 1 vol. avec 70 gravures d'après Ferogio.

— *Les deux nigauds*. 1 vol. avec 76 gravures d'après H. Castelli.

— *Les malheurs de Sophie*. 1 vol. avec 48 grav. d'après H. Castelli.

— *Les petites filles modèles*. 1 vol. avec 21 gravures d'après Bertall.

— *Les vacances*. 1 vol. avec 36 gravures d'après Bertall.

— *Mémoires d'un âne*. 1 vol. avec 75 grav. d'après H. Castelli.

Stolz (Mme de) : *La maison roulante*. 1 vol. avec 20 grav. sur bois d'après E. Bayard.

— *Le trésor de Nanette*. 1 vol. avec 24 gravures d'après E. Bayard.

— *Blanche et Noire*. 1 vol. avec 54 gravures d'après E. Bayard.

— *Par-dessus la haie*. 1 vol. avec 56 gravures d'après A. Marie.

— *Les poches de mon oncle*. 1 vol. avec 20 gravures d'après Bortall.

— *Les vacances d'un grand-père*. 1 vol. avec 40 gravures d'après G. Delafosse.

— *Le vieux de la forêt*. 1 vol. avec 32 gravures d'après Sahib.

— *Le secret de Laurent*. 1 vol. avec 32 gravures d'après Sahib.

— *Les deux reines*. 1 vol. avec 32 gravures d'après Delort.

— *Les mésaventures de Mlle Thérèse*. 1 vol. avec 29 grav. d'après Charles.

Stolz (Mme de) (suite) : *Les frères de lait*. 1 vol. avec 42 gravures d'après E. Zier.

— *Magali*. 1 vol. avec 36 gravures d'après Tofani.

— *Les deux André*. 1 vol. avec 45 gravures d'après Tofani.

— *Deux tantes*. 1 vol. avec 43 gravures d'après Tofani.

— *Violence et bonté*. 1 vol. avec 36 gravures par Tofani.

— *L'embarras du choix*. 1 v. illustré de 30 gravures d'après Tofani.

— *Petit Jacques*. 1 vol. illustré de 48 gravures d'après Tofani.

— *La famille Coquelicot*. 1 vol. illustré de 30 grav. d'après Jeanniot.

Swift : *Voyages de Gulliver*, traduit et abrégé à l'usage des enfants. 1 vol. avec 57 gravures d'après Delafosse.

Taulier : *Les deux petits Robinsons de la Grande-Chartreuse*. 1 vol. avec 69 gravures d'après E. Bayard et Hubert Clerget.

Tournier : *Les premiers chants*, poésies à l'usage de la jeunesse. 1 vol. avec 20 gravures d'après Gustave Roux.

Vimont (Ch.) : *Histoire d'un navire*. 1 vol. avec 40 gravures d'après Alex. Vimont.

Witt (Mme de), née Guizot : *Enfants et parents*. 1 vol. avec 34 gravures d'après A. de Neuville.

— *La petite-fille aux grand'mères*. 1 vol. avec 36 grav. d'après Beau.

— *En quarantaine*. 1 vol. avec 45 gravures d'après Ferdinandus.

IIIe SÉRIE, POUR LES ENFANTS ADOLESCENTS

ET POUVANT FORMER UNE BIBLIOTHÈQUE POUR LES JEUNES FILLES DE 14 A 18 ANS

VOYAGES

Agassiz (M. et Mme) : *Voyage au Brésil*, traduit et abrégé par J. Belin-De Launay. 1 vol. avec 16 gravures et 1 carte.

Aunet (Mme d') : *Voyage d'une femme au Spitzberg*. 1 vol. avec 34 gravures.

Baines : *Voyages dans le sud-ouest de l'Afrique*, traduit et abrégé par J. Belin-De Launay. 1 vol. avec 22 gravures et 1 carte.

Baker: *Le lac Albert N'yanza*. Nouveau voyage aux sources du Nil, abrégé par Belin-De Launay. 1 vol. avec 16 gravures et 1 carte.

Baldwin : *Du Natal au Zambèze (1861-1865)*. Récits de chasses, abrégés par J. Belin-De Launay. 1 vol. avec 24 gravures et 1 carte.

Burton (Le capitaine): *Voyages à la Mecque, aux grands lacs d'Afrique et chez les Mormons*, abrégé par J. Belin-De Launay. 1 vol. avec 12 gravures et 3 cartes.

Catlin : *La vie chez les Indiens*, traduit de l'anglais. 1 vol. avec 25 gravures.

Fonvielle (W. de) : *Le glaçon du Polaris*, aventures du capitaine Tyson. 1 vol. avec 19 gravures et 1 carte.

Hayes (Dr) : *La mer libre du pôle*, traduit par F. de Lanoye, et abrégé par J. Belin-De Launay. 1 vol. avec 14 gravures et 1 carte.

Hervé et de **Lanoye** : *Voyages dans les glaces du pôle arctique*. 1 vol. avec 40 gravures.

Lanoye (F. de): *Le Nil, son bassin et ses sources*. 1 vol. avec 32 gravures et des cartes.

— *La Sibérie*. 1 vol. avec 48 gravures d'après Lebreton, etc.

— *Les grandes scènes de la nature*. 1 vol. avec 40 gravures.

— *La mer polaire*, voyage de l'*Érèbe* et de la *Terreur*, et expédition à la recherche de Franklin. 1 vol. avec 20 gravures et des cartes.

— *Ramsès le Grand*, ou l'Égypte il y a trois mille trois cents ans. 1 vol. avec 39 gravures d'après Lancelot, E. Bayard, etc.

Livingstone : *Explorations dans l'Afrique australe*, abrégé par J. Belin-De Launay. 1 vol. avec 20 gravures et 1 carte.

Livingstone (suite) : *Dernier journal*, abrégé par J. Belin-De Launay. 1 vol. avec 16 grav. et 1 carte.

Mage (L.): *Voyage dans le Soudan occidental*, abrégé par J. De Launay. 1 vol. avec 16 gravures et 1 carte.

Milton et **Cheadle** : *Voyage de l'Atlantique au Pacifique*, traduit et abrégé par J. Belin-De Launay. 1 vol. avec 16 gravures et 2 cartes.

Mouhot (Ch.) : *Voyage dans le royaume de Siam, le Cambodge et le Laos*. 1 vol. avec 28 gravures et 1 carte.

Palgrave (W. G.): *Une année dans l'Arabie centrale*, traduit et abrégé par J. Belin-De Launay. 1 vol. avec 12 gravures, 1 portrait et 1 carte.

Pfeiffer (Mme): *Voyages autour du monde*, abrégé par J. Belin-De Launay. 1 vol. avec 16 gravures et 1 carte.

Piotrowski: *Souvenirs d'un Sibérien*. 1 vol. avec 10 gravures d'après A. Marie.

Schweinfurth (Dr) : *Au cœur de l'Afrique (1868-1871)*. Traduit par Mme H. Loreau, et abrégé par J. Belin-De Launay. 1 vol. avec 16 gravures et 1 carte.

Speke: *Les sources du Nil*, édition abrégée par J. Belin-De Launay. 1 vol. avec 24 gravures et 3 cartes.

Stanley : *Comment j'ai retrouvé Livingstone*, traduit par Mme Loreau, et abrégé par J. Belin-De Launay. 1 vol. avec 16 gravures et 1 carte.

Vambéry: *Voyages d'un faux derviche dans l'Asie centrale*, traduit par E. D. Forgues, et abrégé par J. Belin-De Launay. 1 vol. avec 18 gravures et une carte.

HISTOIRE

Le Loyal Serviteur : *Histoire du gentil seigneur de Bayard*, revue et abrégée, à l'usage de la jeunesse, par Alph. Feillet. 1 vol. avec 36 gravures d'après P. Sellier.

Monnier (M.) : *Pompéi et les Pompéiens*. Édition à l'usage de la jeunesse. 1 vol. avec 25 gravures d'après Thérond.

Plutarque : *Vies des Grecs illustres*, édition abrégée par A. Feillet. 1 vol. avec 53 gravures d'après P. Sellier.

— *Vies des Romains illustres*, édition abrégée par A. Feillet. 1 vol. avec 69 gravures d'après P. Sellier.

Retz (Le cardinal de) : *Mémoires* abrégés par A. Feillet. 1 vol. avec 35 gravures d'après Gilbert, etc.

LITTÉRATURE

Bernardin de Saint-Pierre : *Œuvres choisies*. 1 vol. avec 12 gravures d'après E. Bayard.

Cervantès : *Don Quichotte de la Manche*. 1 vol. avec 64 gravures d'après Bertall et Forest.

Homère : *L'Iliade et l'Odyssée*, traduites par P. Giguet et abrégées par Alph. Feillet. 1 vol. avec 33 gravures d'après Olivier.

Le Sage : *Aventures de Gil Blas*, édition destinée à l'adolescence. 1 vol. avec 50 gravures d'après Leroux.

Mac-Intosch (Miss) : *Contes américains*, traduits par Mme Dionis. 2 vol. avec 50 gravures d'après E. Bayard.

Maistre (X. de) : *Œuvres choisies*. 1 vol. avec 15 gravures d'après E. Bayard.

Molière : *Œuvres choisies*, abrégées à l'usage de la jeunesse. 2 vol. avec 22 gravures d'après Hillemacher.

Virgile : *Œuvres choisies*, traduites et abrégées à l'usage de la jeunesse, par Th. Barrau. 1 vol. avec 20 gravures d'après P. Sellier.

PETITE BIBLIOTHÈQUE DE LA FAMILLE

FORMAT PETIT IN-12

A 2 FRANCS LE VOLUME

LA RELIURE EN PERCALINE GRIS PERLE, TRANCHES ROUGES,

SE PAYE EN SUS, 50 C.

Fleuriot (Mᵐᵉ Z.) : *Tombée du nid.* 1 vol.

— *Raoul Daubry, chef de famille.* 2ᵉ édit. 1 vol.

— *L'héritier de Kerguignon.* 3ᵉ édit. 1 vol.

— *Réséda.* 9ᵉ édit. 1 vol.

— *Ces bons Rosaëc !* 1 vol.

— *La vie en famille.* 8ᵉ édit. 1 vol.

— *Le cœur et la tête.* 1 vol.

— *Au Galadoc.* 1 vol.

— *De trop.* 1 vol.

— *Le théâtre chez soi, comédies et proverbes.* 1 vol.

— *Sans beauté.* 1 vol.

— *Loyauté.* 1 vol.

— *La clef d'or.* 1 vol.

— *Bengale.* 1 vol.

— *La glorieuse.* 1 vol.

Fleuriot Kérinou : *De fil en aiguille.* 1 vol.

Girardin (J.) : *Le locataire des demoiselles Rocher.* 1 vol.

Girardin (J.) (suite) : *Les épreuves d'Étienne.* 1 vol.

— *Les théories du docteur Wurtz.* 1 vol.

— *Miss Sans-Cœur.* 2ᵉ édit. 1 vol.

— *Les braves gens.* 1 vol.

— *Mauviette.* 1 vol.

Giron (AIMÉ) : *Braconnette.* 1 vol.

Marcel (Mᵐᵉ J.) : *Le Clos-Chantereine.* 1 vol.

Verley : *Une perfection.* 1 vol.

Wielo (Mᵐᵉ Van de) : *Filleul du roi !* 1 vol.

Witt (Mᵐᵉ de), née Guizot : *Tout simplement.* 2ᵉ édition. 1 vol.

— *Reine et maîtresse.* 1 vol.

— *Un héritage.* 1 vol.

— *Ceux qui nous aiment et ceux que nous aimons.* 1 vol.

— *Sous tous les cieux.* 1 vol.

— *A travers pays.*

— *Vieux contes de la veillée.* 1 vol.

— *Regain de vie.* 1 vol.

— *Contes et légendes de l'Est.* 1 vol.

D'autres volumes sont en préparation.

10563 — Imprimeries réunies, rue Mignon, 2, Paris. — 10-92. — 100,000.

www.ingramcontent.com/pod-product-compliance
Lightning Source LLC
Chambersburg PA
CBHW071527220526
45469CB00003B/672